中国式现代化研究丛书
张东刚 刘 伟 总主编

GZC 高校主题出版
2022 GAOXIAO ZHUTI CHUBAN

中国式现代化新征程与社会治理新格局

冯仕政◎著

中国人民大学出版社
·北京·

图书在版编目（CIP）数据

中国式现代化新征程与社会治理新格局/冯仕政著. --北京：中国人民大学出版社，2024.4
（中国式现代化研究丛书/张东刚，刘伟总主编）
ISBN 978-7-300-31699-4

Ⅰ.①中… Ⅱ.①冯… Ⅲ.①现代化研究-中国-现代 ②社会管理-研究-中国 Ⅳ.①D61 ②D63

中国国家版本馆CIP数据核字（2023）第081252号

中国式现代化研究丛书
张东刚　刘　伟　总主编
中国式现代化新征程与社会治理新格局
冯仕政　著
Zhongguoshi Xiandaihua Xin Zhengcheng yu Shehui Zhili Xin Geju

出版发行	中国人民大学出版社		
社　址	北京中关村大街31号	邮政编码	100080
电　话	010－62511242（总编室）		010－62511770（质管部）
	010－82501766（邮购部）		010－62514148（门市部）
	010－62515195（发行公司）		010－62515275（盗版举报）
网　址	http://www.crup.com.cn		
经　销	新华书店		
印　刷	涿州市星河印刷有限公司		
开　本	720 mm×1000 mm　1/16	版　次	2024年4月第1版
印　张	15.75 插页2	印　次	2025年9月第3次印刷
字　数	168 000	定　价	54.00元

中国式现代化：强国建设、民族复兴的必由之路

历史总是在时代浪潮的涌动中不断前行。只有与历史同步伐、与时代共命运，敢于承担历史责任、勇于承担历史使命，才能赢得光明的未来。2022 年 10 月，习近平总书记在党的二十大报告中庄严宣示："从现在起，中国共产党的中心任务就是团结带领全国各族人民全面建成社会主义现代化强国、实现第二个百年奋斗目标，以中国式现代化全面推进中华民族伟大复兴。"2023 年 2 月，习近平总书记在学习贯彻党的二十大精神研讨班开班式上发表重要讲话进一步强调："概括提出并深入阐述中国式现代化理论，是党的二十大的一个重大理论创新，是科学社会主义的最新重大成果。中国式现代化是我们党领导全国各族人民在长期探索和实践中历经千辛万苦、付出巨大代价取得的重大成果，我们必须倍加珍惜、始终坚持、不断拓展和深化。"习近平总书记围绕以中国式现代化推进中华民族伟大复兴发表的一系列重要讲话，深刻阐述了中国式现代化的一系列重大理论和实践问题，是对中国式现代化理论的极大丰富和发展，具有很强的政治性、理论性、针对性、指导性，对于我们正确理解中国式现代化，全面学习、全面把握、全面落实党的二十大精神，具有十分重要的意义。

现代化是人类社会发展到一定历史阶段的必然产物，是社会基本矛盾运动的必然结果，是人类文明发展进步的显著标志，也是世界各国人民的共同追求。实现现代化是鸦片战争以来中国人民孜孜以求的目标，也是中国社会发展的客观要求。从 1840 年到 1921 年的 80 余年间，无数仁人志士曾为此进行过艰苦卓绝的探索，甚至付出了血的代价，但均未成功。直到中国共产党成立后，中国的现代化才有了先进的领导力量，才找到了正确的前进方向。百余年来，中国共产党团结带领人民进行的一切奋斗都是围绕着实现中华民族伟大复兴这一主题展开的，中国式现代化是党团结带领全国人民实现中华民族伟大复兴的实践形态和基本路径。中国共产党百年奋斗的历史，与实现中华民族伟大复兴的奋斗史是内在统一的，内蕴着中国式现代化的历史逻辑、理论逻辑和实践逻辑。

一个时代有一个时代的主题，一代人有一代人的使命。马克思深刻指出："人们自己创造自己的历史，但是他们并不是随心所欲地创造，并不是在他们自己选定的条件下创造，而是在直接碰到的、既定的、从过去承继下来的条件下创造。"中国式现代化是中国共产党团结带领中国人民一代接着一代长期接续奋斗的结果。在新民主主义革命时期，党团结带领人民浴血奋战、百折不挠，经过北伐战争、土地革命战争、抗日战争、解放战争，推翻帝国主义、封建主义、官僚资本主义三座大山，建立了人民当家作主的新型政治制度，实现了民族独立、人民解放，提出了推进中国式现代化的一系列创造性设想，为实现现代化创造了根本社会条件。在社会主义革命和建设时期，党团结带领人民自力更生、发愤图强，进行社会主义革命，推进社会主义建设，确立社会主义基本制度，完成了中华民族有史以来最广泛而深刻的社会变革，提出并积极推进"四个现代化"的战略目标，建立起独立的比较完整的工业体系和国民经济体系，在实现什么样的现代化、怎样实现现代化的重大问题上作出了宝贵探索，积累了宝贵经验，为现代化建设奠定了根本政治前提和宝贵经验、理论准备、物质基础。在改革开放和社会主义建设新时期，党团结带领人民解放思想、锐意进取，实现了新中国成立以来党的历史上具有深远意义的伟大转折，确立党在社会主义初级阶段的基本路线，坚定不移推进改革开放，开创、坚持、捍卫、发展中国特色社会主义，在深刻总结我国社会主义现代化建设正反两方面经验基础上提出了“中国式现代化”的命题，提出了“建设富强、民主、文明的社会主义现代化国家”的目标，制定了到 21 世纪中叶分三步走、基本实现社会主义现代化的发展战略，让中国大踏步赶上时代，为中国式现代化提供了充满新的活力的体制保证和快速发展的物质条件。进入中国特色社会主义新时代，以习近平同志为核心的党中央团结带领人民自信自强、守正创新，成功推进和拓展了中国式现代化。我们党在认识上不断深化，创立了习近平新时代中国特色社会主义思想，实现了马克思主义中国化时代化新的飞跃，为中国式现代化提供了根本遵循。明确指出中国式现代化是人口规模巨大的现代化、是全体人民共同富裕的现代化、是物质文明和精神文明相协调的现代化、是人与自然和谐共生的现代化、是走和平发展道路的现代化，揭示了中国式现代化的中国特色和科学内涵。在实践基础上形成的中国式现代化，其本质要求是，坚持中国共产党领导，坚持中国特色社会主义，实现高质量发展，发展全过程人民民主，丰富人民精神世界，实现全体人民共同富裕，促进人与自然和谐共生，推动构建人类命运共同体，创造人类文明新形态。习近平总书记强调，在前进道路上，坚持和加强党的全面领导，坚持中国特色社会主义道路，坚持以人民为中心的发展思想，坚持深化改革开放，坚持发扬斗争精神，是全面建设社会主义现代化国家必须牢牢把握的重大原则。中国式现代化理论体系的初步构建，使中国式现代化理论与实践更加清晰、更加科学、更加可感可行。我们党在战略上不断完善，深入实施科教兴国战略、人才强国战略、乡村振兴战略等一系列重大战略，为中国式现代化提供坚实战略支撑。我们党在实践上不断丰富，推进一系列变革性实践、实现一系列突破性进展、取得一系列标志性成果，推动党和国家事业取得历史性成就、发生历史性变革，特别是消除了绝对贫困问题，全面建成小康社会，为中国式现代化提供了更为完善的制度保证、更为坚实的物质基础、更为主动的精神力量。

思想是行动的先导，理论是实践的指南。毛泽东同志深刻指出："自从中国人学会了马克思列宁主义以后，中国人在精神上就由被动转入主动。"中国共产党是为中国人民谋幸福、为中华民族谋复兴的使命型政党，也是由科学社会主义理论武装起来的学习型政党。中国共产党的百年奋斗史，也是马克思主义中国化时代化的历史。正如习近平总书记所指出的："中国共产党为什么能，中国特色社会主义为什么好，归根到底是马克思主义行，是中国化时代化的马克思主义行。"一百多年来，党团结带领人民在中国式现代化道路上推进中华民族伟大复兴，始终以马克思主义为指导，不断实现马克思主义基本原理同中国具体实际和中华优秀传统文化相结合，不断将马克思关于现代社会转型的伟大构想在中国具体化，不断彰显马克思主义现代性思想的时代精神和中华民族的文化性格。可以说，中国式现代化是科学社会主义先进本质与中华优秀传统文化的辩证统一，是根植于中国大地、反映中国人民意愿、适应中国和时代发展进步要求的现代化。中国式现代化理论是中国共产党团结带领人民在百年奋斗历程中的思想理论结晶，揭示了对时代发展规律的真理性认识，涵盖全面建设社会主义现代化强国的指导思想、目标任务、重大原则、领导力量、依靠力量、制度保障、发展道路、发展动力、发展战略、发展步骤、发展方式、发展路径、发展环境、发展机遇以及方法论原则等十分丰富的内容，其中习近平总书记关于中国式现代化的重要论述全面系统地回答了中国式现代化的指导思想、目标任务、基本特征、本质要求、重大原则、发展方向等一系列重大问题，是新时代推进中国式现代化的理论指导和行动指南。

大道之行，壮阔无垠。一百多年来，党团结带领人民百折不挠，砥砺前行，以中国式现代化全面推进中华民族伟大复兴，用几十年时间走过了西方发达国家几百年走过的现代化历程，在经济实力、国防实力、综合国力和国际竞争力等方面均取得巨大成就，国内生产总值稳居世界第二，中华民族伟大复兴展现出灿烂的前景。习近平总书记在庆祝中国共产党成立100周年大会上的讲话中指出："我们坚持和发展中国特色社会主义，推动物质文明、政治文明、精神文明、社会文明、生态文明协调发展，创造了中国式现代化新道路，创造了人类文明新形态。"我们党科学擘画了中国式现代化的蓝图，指明了中国式现代化的性质和方向。党团结带领人民开创和拓展中国式现代化的百年奋斗史，就是全面推进中华民族伟大复兴的历史，也是创造人类文明新形态的历史。伴随着中国人民迎来从站起来、富起来再到强起来的伟大飞跃，我们党推动社会主义物质文明、政治文明、精神文明、社会文明、生态文明协调发展，努力实现中华文明的现代重塑，为实现全体人民共同富裕奠定了坚实的物质基础。中国式现代化是马克思主义中国化时代化的实践场域，深深植根于不断实现创造性转化和创新性发展的中华优秀传统文化，蕴含着独特的世界观、价值观、历史观、文明观、民主观、生态观等，在文明交流互鉴中不断实现综合创新，代表着人类文明进步的发展方向。

从国家蒙辱到国家富强、从人民蒙难到人民安康、从文明蒙尘到文明复兴，体现了近代以来中华民族历经苦难、走向复兴的历史进程，反映了中国社会和人类社会、中华文明和人类文明发展的内在关联和实践逻辑。中国共产党在不同历史时期推进中国式现代化的实践史，激活了中华文明的内生动力，重塑了中华文明的历史主体性，以面向现代化、面向世界、面向未来的思路建设民族的、科学的、大众的社会主义文化，以开阔的世界眼光促进先进文化向文明的实践转化，勾勒了中国共产党百余年来持续塑造人类文明新形态的历史画卷。人类文明新形态是党团结带领人民独立自主地持续探索具有自身特色的革命、建设和改革发展道路的必然结果，是马克思主义现代性思想和世界历史理论同中国具体实际和中华优秀传统文化相结合的产物，是中国共产党百余年来持续推动中国现代化建设实践的结晶。习近平总书记指出："一个国家走向现代化，既要遵循现代化一般规律，更要符合本国实际，具有本国特色。中国式现代化既有各国现代化的共同特征，更有基于自己国情的鲜明特色。"世界上没有放之四海而皆准的现代化标准，我们党领导人民用几十年时间走完了西方发达国家几百年走过的工业化进程，在实践创造中进行文化创造，在世界文明之林中展现了彰显中华文化底蕴的一种文明新形态。这种文明新形态既不同于崇尚资本至上、见物不见人的资本主义文明形态，也不同于苏联东欧传统社会主义的文明模式，是中国共产党对人类文明发展作出的原创性贡献，体现了现代化的中国特色和世界历史发展的统一。

中国式现代化是一项开创性的系统工程，展现了顶层设计与实践探索、战略与策略、守正与创新、效率与公平、活力与秩序、自立自强与对外开放等一系列重大关系。深刻把握这一系列重大关系，要站在真理和道义的制高点上，回答"中华文明向何处去、人类文明向何处去"的重大问题，回答中国之问、世界之问、人民之问、时代之问，不断深化正确理解和大力推进中国式现代化的学理阐释，建构中国自主的知识体系，不断塑造发展新动能新优势，在理论与实践的良性互动中不断推进人类文明新形态和中国式现代化的实践创造。

胸怀千秋伟业，百年只是序章。习近平总书记强调："一个国家、一个民族要振兴，就必须在历史前进的逻辑中前进、在时代发展的潮流中发展。"道路决定命运，旗帜决定方向。今天，我们比历史上任何时期都更接近中华民族伟大复兴的目标，比历史上任何时期都更有信心、有能力实现这个宏伟目标。然而，我们必须清醒地看到，推进中国式现代化，是一项前无古人的开创性事业，必然会遇到各种可以预料和难以预料的风险挑战、艰难险阻甚至惊涛骇浪。因而，坚持运用中国化时代化马克思主义的思想方法和工作方法，坚持目标导向和问题导向相结合，理顺社会主义现代化发展的历史逻辑、理论逻辑、实践逻辑之间的内在关系，全方位、多角度解读中国式现代化从哪来、怎么走、何处去的问题，具有深远的理论价值和重大的现实意义。

作为中国共产党亲手创办的第一所新型正规大学，始终与党同呼吸、共命运，服务党和国家重大战略需要和决策是中国人民大学义不容辞的责任与义务。基于在人文社会科学领域"独树一帜"的学科优势，我们凝聚了一批高水平哲学社会科学研究团队，以习近平新时代中国特色社会主义思想为指导，以中国式现代化的理论与实践为研究对象，组织策划了这套"中国式现代化研究丛书"。"丛书"旨在通过客观深入的解剖，为构建完善中国式现代化体系添砖加瓦，推动更高起点、更高水平、更高层次的改革开放和现代化体系建设，服务于释放更大规模、更加持久、更为广泛的制度红利，激活经济、社会、政治等各个方面良性发展的内生动力，在高质量发展的基础上，促进全面建成社会主义现代化强国和中华民族伟大复兴目标的实现。“丛书”既从宏观上展现了中国式现代化的历史逻辑、理论逻辑和实践逻辑，也从微观上解析了中国社会发展各领域的现代化问题；既深入研究关系中国式现代化和民族复兴的重大问题，又积极探索关系人类前途命运的重大问题；既继承弘扬改革开放和现代化进程中的基本经验，又准确判断中国式现代化的未来发展趋势；既对具有中国特色的国家治理体系和治理能力现代化进行深入总结，又对中国式现代化的未来方向和实现路径提出可行建议。

展望前路，我们要牢牢把握新时代新征程的使命任务，坚持和加强党的全面领导，坚持中国特色社会主义道路，坚持以人民为中心的发展思想，坚持深化改革开放，坚持发扬斗争精神，自信自强、守正创新，踔厉奋发、勇毅前行，在走出一条建设中国特色、世界一流大学的新路上，秉持回答中国之问、彰显中国之理的学术使命，培养堪当民族复兴重任的时代新人，以伟大的历史主动精神为全面建成社会主义现代化强国、实现中华民族伟大复兴作出新的更大贡献！

目　录

引言

面向新发展阶段创新社会治理

“正确认识党和人民事业所处的历史方位和发展阶段，是我们党明确阶段性中心任务、制定路线方针政策的根本依据，也是我们党领导革命、建设、改革不断取得胜利的重要经验。”① 在全面建成小康社会、实现第一个百年奋斗目标之后，我国正在乘势而上开启全面建设社会主义现代化国家新征程，向第二个百年奋斗目标进军。党的二十大庄严宣告：“从现在起，中国共产党的中心任务就是团结带领全国各族人民全面建成社会主义现代化强国、实现第二个百年奋斗目标，以中国式现代化全面推进中华民族伟大复兴。”② 这标志着中国式现代化进入一个新发展阶段。社会建设是全面建设社会主义现代化国家的重要内容。面向新发展阶段，我们必须把社会治理放在更加突出和重要的位置上，进一步创新社会治理，健全共建共治共享的社会治理制度，提升社会治理效能，建设人人有责、人人尽责、人人享有的社会治理共同体。

马克思主义是立党立国、兴党兴国的根本指导思想。全面建设社会主义现代化国家，“首先要把握好新时代中国特色社会主义思想的世界观和方法论，坚持好、运用好贯穿其中的立场观点方法”③。问题是时代的声

---

① 习近平．论把握新发展阶段、贯彻新发展理念、构建新发展格局．北京：中央文献出版社，2021：470.

② 习近平．高举中国特色社会主义伟大旗帜 为全面建设社会主义现代化国家而团结奋斗．北京：人民出版社，2022：21.

③ 习近平．高举中国特色社会主义伟大旗帜 为全面建设社会主义现代化国家而团结奋斗．北京：人民出版社，2022：18－19.

音，是事物矛盾的表现形式；抓主要矛盾和矛盾的主要方面是辩证唯物主义的方法论，认识和化解矛盾是打开工作局面的突破口。在新发展阶段，我们所面临问题的复杂程度、解决问题的艰巨程度明显加大，创新社会治理必须坚持问题导向，紧紧围绕社会主要矛盾推进各项工作。党的十九大指出："中国特色社会主义进入新时代，我国社会主要矛盾已经转化为人民日益增长的美好生活需要和不平衡不充分的发展之间的矛盾。"① 这就要求我们，一是"深刻认识社会主要矛盾变化，增强解决发展不平衡不充分问题的系统性"，二是"深刻认识人民对美好生活的向往，增强解决发展不平衡不充分问题的针对性"②。而在这两个方面中，无论哪一个方面，社会治理相对滞后都是亟待克服的弱项和短板，因而是面向新发展阶段创新社会治理最需要面对的问题之一。

首先，从增强解决发展不平衡不充分问题的系统性来说，在当前，发展不平衡不充分的问题不仅存在于不同地区、不同部门、不同人群之间，而且存在于经济建设、政治建设、文化建设、社会建设和生态文明建设这五大建设之间，社会建设严重滞后于其他四大建设，加快社会建设、提升社会治理已经刻不容缓。众所周知，统筹推进"五位一体"总体布局是中国特色社会主义事业的基本战略部署。五大建设虽然涉及不同领域，却是一个相互联系、相互促进、相辅相成的统一整体。五大建设不仅缺一不可，而且短一不可。只有坚持五大建设统筹推进，中国才能又好又快发展，赢得更加美好的未来。但在实际工作中，仍然广泛存在着抓经济建设

① 习近平．决胜全面建成小康社会 夺取新时代中国特色社会主义伟大胜利．北京：人民出版社，2017：11.

② 习近平．论把握新发展阶段、贯彻新发展理念、构建新发展格局．北京：中央文献出版社，2021：3.

硬、实、快而抓社会建设软、虚、慢等问题。要增强解决发展不平衡不充分问题的系统性，社会建设、社会治理是一块亟待补齐的短板，是一个亟待加强的弱项。社会治理水平上不去，就谈不上解决发展不平衡不充分问题的系统性。

其次，就增强解决发展不平衡不充分问题的针对性来说，随着经济快速发展，尤其在全面建成小康社会之后，“我国长期所处的短缺经济和供给不足的状况已经发生根本性改变”[①]，人民对生活的向往已经发生从“温饱”向“美好”的重大转变：一是生活需求的内涵大大扩展，不仅对物质文化生活提出更高要求，而且更加强调人的全面发展和社会全面进步；二是生活需求的层次大大提高，以前更多的是追求数量，现在更加重视质量。总体上，人民对生活的需求已经从“有没有”转向“好不好”，从物质和文化领域扩大到物质文明、精神文明、社会文明、制度文明、生态文明等各个领域。相应地，许多需求在过去并不是紧迫的问题，现在变得紧迫起来。比如，对民主、法治、公平、正义、安全、环境等内容，人们以前觉得不那么重要，至少可以忍受，但现在需求变得强烈起来，甚至成为最强烈的诉求之一。更具有挑战性的是，这些需求往往是个性化、多样化、多层次、多变性的，比物质需求更难把握、更难满足。要增强解决发展不平衡不充分问题的针对性，就必须改变盛行的物质主义思维，把工作重心更多地放到社会建设和社会治理，放到改善社会环境、优化社会结构、和谐社会关系上来。但从实践来看，由于“社会”太“虚”、太“空”，抓起来不知何处下手、何处着力，导致社会治理的针对性不强，不

---

① 习近平．论把握新发展阶段、贯彻新发展理念、构建新发展格局．北京：中央文献出版社，2021：3.

仅效果不显著，甚至有“吃力不讨好”的感觉。

上述状况的产生，原因是多方面的。一个非常重要的原因，还是思想和理论认识不足。正如本书后面将要指出的，“社会”作为一种客观存在，确实比通常所说的“经济”“政治”“文化”“生态”等领域更加微妙，常常是“只可意会，不可言传”，难以转变为可感可见、又硬又实的任务指标和工作抓手；工作要领则高度依赖领悟，“运用之妙，存乎一心”。这就更需要加深思想和理论认识。

社会学作为一门学科，中心使命是揭示社会良性运行和协调发展的条件和机制。按照党中央关于全面建设社会主义现代化国家的战略安排，“人民生活更加美好，人的全面发展、全体人民共同富裕取得更为明显的实质性进展”是我国 2035 年远景目标的重要内容之一。学科属性和分工决定了，社会学在涵育社会活力、增进社会团结、推动全体人民共建共治共享和共同富裕方面具有其他学科不可替代的作用。

党和国家高度重视社会领域的发展和社会学的作用。2020 年 8 月 24 日，习近平总书记在中南海亲自主持召开经济社会领域专家座谈会并发表重要讲话。在会上，他特地提到“出席今天座谈会的，既有经济学家，也有社会学家”[①]，明确要求“不断发展中国特色社会主义政治经济学、社会学”[②]。他指出：一个现代化的社会，应该既充满活力又拥有良好秩序，呈现出活力和秩序有机统一。在新发展阶段，必须以共建共治共享拓展社会发展新局面。事实证明，发展起来以后的问题不比不发展时少。我国社会

---

① 习近平．论把握新发展阶段、贯彻新发展理念、构建新发展格局．北京：中央文献出版社，2021：370.

② 习近平．论把握新发展阶段、贯彻新发展理念、构建新发展格局．北京：中央文献出版社，2021：378.

结构正在发生深刻变化，互联网深刻改变人类交往方式，社会观念、社会心理、社会行为发生深刻变化。为此，必须加强社会治理，完善共建共治共享的社会治理制度，实现政府治理同社会调节、居民自治良性互动，建设人人有责、人人尽责、人人享有的社会治理共同体。要加强和创新基层社会治理，使每个社会细胞都健康活跃，将矛盾纠纷化解在基层，将和谐稳定创建在基层①。

本书致力于发挥社会学学科的优势和特色，从理论和历史两个方面揭示当前中国社会治理的逻辑和规律，以及面临的机遇和挑战。其中，前五章着重阐发基础性的理论问题，包括社会治理的基本概念、内容主题、本质要求、历史脉络、道路选择、工作路径等。这些内容看似离现实工作比较远、比较抽象，却是面对新发展阶段、构建新发展格局的必然要求。如前所述，思想和理论认识不足已经成为影响社会领域发展的一个严重瓶颈。因此，即使是一线的实际工作者，也需要摆脱事务主义的思维，加强思想和理论修养，如此方能在工作中做到高屋建瓴、触类旁通。

与前五章偏基础理论不同，后四章选取当前中国社会治理中的四个重大问题，即信访、群体性事件、社区建设和大数据应用进行专题研究。不过，这些问题虽然都是现实问题，但本书力图避免简单的所谓对策研究，而从理论和历史两个方面进行尽可能深入的阐述。这样做的好处：一是可以让广大读者，包括一线的实际工作者对现实问题获得更加细腻和全面的把握；二是可以让他们能够更加真切地体会到，即使是这么“直接”和

---

① 习近平．论把握新发展阶段、贯彻新发展理念、构建新发展格局．北京：中央文献出版社，2021：375－376.

“硬核”的现实问题背后，也有着非常复杂而深刻的历史脉络和理论纠结。这两个方面的素养，将使实际的社会治理工作更有高度、更有分寸，有利于建设人人有责、人人尽责、人人享有的社会治理共同体，打造共建共治共享的社会治理新格局。

第一章

中国社会治理的新征程

构建社会治理新格局，是关系中国现代化进程的重大现实问题，也是中国社会学必须关注的重大理论问题。早在 21 世纪初，社会治理即已进入党和国家的政治日程，但在实际工作和生活中，人们对于社会治理到底应该治什么、怎么治，在认识上仍然存在诸多困惑，因此在行动上常常陷入茫然无措甚或治丝益棼的境地。当前，我国已经实现第一个百年奋斗目标，在中华大地上全面建成小康社会，正乘势而上开启全面建设社会主义现代化国家新征程、向第二个百年奋斗目标进军。面对新征程，社会治理必须重新梳理思路，特别是澄清长期存在的严重理论困惑和认识误区，展现新视野、阐发新思路，助力构建新发展格局。

一、社会治理作为国家政治议程

在开启全面建设社会主义现代化国家的新发展阶段，社会治理应当治什么、怎么治？要回答这个问题，首先必须梳理社会治理作为一项政治议程和学术议程的兴起，以及在此过程中社会治理被赋予的含义和内容。

社会治理最早出现在国家政治议程中，是 2013 年 11 月召开的党的十八届三中全会，会议通过的《中共中央关于全面深化改革若干重大问题的决定》明确将“创新社会治理体制”列为党和政府的工作任务之一。以此为触发点，“社会治理”概念迅速而广泛地出现在各种政治文件和学术文献中，标志着社会治理已经同时成为一项国家政治议程和学术研究议程。概念是理论阐述的基石，要揭示社会治理的基本逻辑，首先必须梳理“社会治理”这个概念在国家文件和学术文献中的演变历程。而众所周知，“社会治理”作为国家政治概念，系从2004年9月党的十六届四中全会提出的“社会管理”演变而来，因此，“社会治理”概念的历程得从“社会管理”讲起。

中央文件旨在指导工作，通常只罗列具体的工作内容，不会像学术文献那样对概念的内涵和外延进行严格的界定，外界只能从文件对概念的使用，特别是从其对工作内容的表述上去反推。而观察中央文件对概念的使用，会发现一个很有意思的现象，那就是，“社会治理”和“社会管理”总是同“社会建设”联袂出现，关于工作内容的表述通常一并置于诸如“社会建设与社会治理”或“社会建设与社会管理”之类的大标题之下，让人难以区分这些工作内容到底是属于社会建设，还是属于社会治理或社会管理。更令人挠头的是，从概念使用来看，社会治理和社会管理同社会建设的关系还曾有过一段微妙的变化。为了准确地把握社会治理的主题，下面就从其前身“社会管理”开始，梳理“社会治理”与“社会建设”的关系。

党的十六届四中全会在首次推出社会管理议程时是这样表述的：“加强社会建设和管理，推进社会管理体制创新。”① 易言之，社会管理与社会建设从一开始就是联袂出现的。如果从那时算起，社会治理与社会建设的关系大体经历了以下四个阶段：

---

① 中共中央关于加强党的执政能力建设的决定．北京：人民出版社，2004：25.

第一阶段，从 2004 年党的十六届四中全会到 2006 年党的十六届六中全会，基本特征是社会管理喷薄而出并风动天下，而社会建设只是崭露头角，未引起充分注意。在党的十六届四中全会通过的《关于加强党的执政能力建设的决定》中，“社会管理”出现了 7 次之多，明显是主打概念，而“社会建设”只出现了 1 次。该《决定》的一个重要理念，就是要把社会管理作为党的基本执政能力之一来建设。可见当时党和国家的注意力聚焦在社会管理，而非社会建设上。

第二阶段，从 2006 年党的十六届六中全会到 2013 年党的十八届三中全会，基本格局发生变化，即社会建设不断凸显并占据主导，社会管理则下降为社会建设的一个组成部分，相当于社会建设是全集，社会管理则只是一个子集。一个突出的例证是 2007 年召开的党的十七大，大会报告第八部分的标题是“加快推进以改善民生为重点的社会建设”，内容分为六个方面，其中一个是“完善社会管理，维护社会安定团结”。这表明，社会管理只是社会建设的六个方面之一。而党的十八大报告也基本维持这一表述模式，即在“在改善民生和创新管理中加强社会建设”的标题下同样分列六个方面，“加强和创新社会管理”只是其中之一。从这些表述中不难发现，社会建设与社会管理之间是包含与被包含的关系。

第三阶段，从 2013 年党的十八届三中全会到 2017 年党的十九大，基本格局再次调整，不过这一次是社会建设淡化，而社会治理凸显，此消彼长之间，两者隐然形成一种并列关系。党的十八届三中全会通过的《关于全面深化改革若干重大问题的决定》是一个重磅文件，其中却一次也没有出现“社会建设”，同时新出现了“社会治理”。从文件内容的布局来看，在党的十七大和十八大报告中作为一个整体来论述的社会建设被拆成了社会事业和社会治理两个部分。其中，社会事业讲的是原社会建设中的民生部分，而原社会建设中的社会管理部分则被适当扩充之后放进了社会治理。由于原来在讲社会建设时民生方面的内容通常都占到 5/6 之多，因此可以顺理成章地认为这里讲的社会事业就是原来的社会建设。这样一来，社会建设与社会治理就从此前的包含关系变成了并列关系。

第四阶段，党的十九大以后，社会建设进一步淡化，社会治理上升为统领性、总体性概念。这突出地表现在，在党的十九大报告中，从字面上看，“社会建设”只出现了 1 次，即使加上“五位一体”等表述中隐含的“社会建设”，总共也才 4 次。相反，“社会治理”则出现了 10 次之多。更具显著性意义的是，同样是讲社会建设、社会治理，在党的十七大和十八大报告中，相应部分标题的中心词都是“社会建设”，而党的十九大报告中的标题却是“提高保障和改善民生水平，加强和创新社会治理”，一是未再出现“社会建设”，二是突出了“社会治理”。这是一个显著的改变。这一表述尽管形式上将民生事业和社会治理并列，但不难体会重心还是落在社会治理上。这表明，社会治理有反过来统领和包含社会建设的趋势，社会建设似乎下降为社会治理的一个组成部分。

概言之，关于社会建设和社会治理的关系，从中央文件的概念使用来看，除了第一阶段呈一边倒、暂时谈不上有什么关系外，从第二阶段开始，就有一个主次逐渐易位的过程：最初是社会建设居于主导，社会治理隶属之，然后社会治理的地位不断上升，逐渐与社会建设并列，当前则进一步呈现出社会治理包含社会建设的趋势。

从表面上看，这样一种用法似乎存在逻辑矛盾，因为同样两个概念，不能一会儿互不隶属、一会儿相互包含，甚至一会儿是 A 包含 B，一会儿反过来变成 B 包含 A。那么，这样一种用法传递了什么信息呢？本书认为，它传递的信息就是：在党和国家眼中，社会治理与社会建设本质上是一样的；差别只在于，社会建设更多是面向未来愿景，社会治理则更多地面向现实问题。或者用党和国家的语言来说，它们都是中国现代化事业的重要组成部分，只不过前者是从“总体布局”的角度去讲，重在描绘工作方向和目标，后者是从“战略布局”的角度去讲，重在指出工作战略和手段。两者之间的关系之所以迭有变换，是因为不同时期党和国家的工作重心不同，导致即使是同一种工作任务，也可能采用不同的政治概念并赋予它们不同的权重，以便更准确地刻画工作重心，更好地统筹工作进度。习近平新时代中国特色社会主义思想的精髓之一是“坚持问题导向”[①]，在概念使用上突出社会治理自是题中应有之义。

要言之，社会建设和社会治理这两个概念系从不同角度对同一种社会需求做出的反应，是从不同方向去刻画同一件事情，因此含义没有本质区别，基本可以互换使用。到底是分是合、谁主谁次，当依工作需要而定：在问题初显之时，首先需要确定方向和目标，即总体布局，突出社会建设这个概念是必要的；随着党的十八大提出“五位一体”的总体布局，怎样操作和实现变得越来越重要，于是从党的十八届三中全会开始突出社会治理，以强调落实社会建设的手段和战略，也就顺理成章了。

那么，社会治理与社会管理又是什么关系呢？习近平总书记曾指出：“治理和管理一字之差，体现的是系统治理、依法治理、源头治理、综合施策。”[②]

---

① 习近平．高举中国特色社会主义伟大旗帜 为全面建设社会主义现代化国家而团结奋斗．北京：人民出版社，2022：20.

② 中共中央文献研究室．习近平关于社会主义社会建设论述摘编．北京：中央文献出版社，2017：127.

据此可以断定，对党和国家而言，从社会管理到社会治理，更新的只是工作理念，所要解决的实际问题或曰工作内容却是一样的。易言之，社会管理与社会治理并无本质差异，社会治理与社会建设的关系也就是社会管理与社会建设的关系。社会建设、社会治理、社会管理这些概念虽然各有侧重，但本质上都是要求重视以往在现代化建设中受到普遍忽视的社会领域，因此基本可以交换使用。

如此理解社会建设、社会管理、社会治理三个概念之间的关系非常重要。因为现在有一种或明或暗的观点认为，社会建设包含民生和治理两个部分，是比社会治理更大的概念。而从上面的梳理来看，这样理解显然窄化了社会治理的内容，既不符合中央意图，也不利于推动实际工作和相应的理论研究。

在厘清中央文件中社会建设与社会治理的关系之后，再来看党和国家关于社会治理内容的阐述。如果以社会管理为起点，党和国家关于社会治理内容的正式表述是从党的十六大开始的。在相当长的时间内，中央文件在不同时期的表述方式虽然略有差异，但内容始终稳定在六个方面，即教育、就业、收入分配、社会保障、医疗卫生、社会安定，直到党的十九大才新增了一个国家安全。与此同时，确定并始终保持稳定的还有社会治理的工作方针，那就是：以保障和改善民生为重点，抓住人民最关心最直接最现实的利益问题，实现发展成果更多更公平惠及全体人民，不断增强人民的获得感、幸福感和安全感。

当然，随着形势的变化，社会治理的内容也在不断变化。一个新的重大调整是，在党的二十大报告中，原属社会治理之首要内容的教育被析出，置于第五部分“实施科教兴国战略，强化现代化建设人才支撑”；与此同时，社会安定和国家安全两个方面也被析出，单列为第十一部分“推进国家安全体系和能力现代化，坚决维护国家安全和社会稳定”。这样一来，社会治理原本包含七个方面的内容，现在仅有收入分配、就业、社会保障、公共健康四个方面仍然保留一起，在党的二十大报告中以“增进民生福祉，提高人民生活品质”为题单列为第九部分。

正如第三章将要指出的，“转型悖论”即现代化进程中发展与秩序的矛盾，是贯穿中国社会治理的主题。而对社会治理内容的增减也好，重新拆分和组合也好，归根到底是由这一主题的历史变奏所决定的。党的二十大报告对社会治理内容的上述调整，亦应作如是观。不难理解，随着现代化事业的不断推进，中国经济和社会发展面临的内部和外部环境也在不断变化；相应地，发展和秩序的矛盾会不断产生新的表现形式，矛盾的基本内容和主要方面随之流转。教育被单列，是因为“高质量发展是全面建设社会主义现代化国家的首要任务”①，而“教育、科技、人才是全面建设社会主义现代化国家的基础性、战略性支撑”②，离开高水平教育就不会有高质量发展。因此，教育已经超出民生保障的范畴，需要更多地从发展角度去考虑；而将社会安定和国家安全单列，是因为“当前和今后一个时期是我国各类矛盾和风险易发期，各种可以预见和难以预见的风险因素明显增多”③，秩序因此更多地拥有了安全的含义。对这一点，后面第三章第三节还将深入阐述，此处不赘。

---

① 习近平．高举中国特色社会主义伟大旗帜 为全面建设社会主义现代化国家而团结奋斗．北京：人民出版社，2022：28.

② 习近平．高举中国特色社会主义伟大旗帜 为全面建设社会主义现代化国家而团结奋斗．北京：人民出版社，2022：33.

③ 中共中央关于制定国民经济和社会发展第十四个五年规划和二〇三五年远景目标的建议．北京：人民出版社，2020：55.

二、社会治理实践中的理论困惑

尽管在社会治理被列入国家政治议程后，学术界迅速跟进，有关著述急剧增加，但总的来看，理论研究的深刻性和系统性都严重不足。这集中表现在，在社会治理实践中，对社会治理到底应该“治什么、怎么治”始终存在着严重的理论困惑，并且随着实践的深入，这种困惑越来越强烈。在调研中发现，社会治理最让一线工作者苦恼的地方之一，是在构成中国特色主义事业总体布局的五大建设中，经济建设、政治建设、文化建设、生态文明建设这四大建设都可以找到一个明确的抓手。比如，一说经济建设，就知道抓投资、抓建厂、抓就业；一说政治建设，就知道抓党的建设、干群关系；一说文化建设，就知道抓影视、抓戏曲、抓“文化下乡”；一说生态文明建设，就知道治污、治霾、减碳；如此等等。唯有社会建设不知从何抓起，感觉社会这个东西无处不在却又无迹可寻，不知道社会是什么、在哪里，工作起来很茫然。

然而，面对上述理论困惑，学术界始终没有一个足够清晰、简明而又高屋建瓴的回答。对社会治理到底“治什么、怎么治”这个根本性问题，学界通常以两种方式处理：一是罗列社会治理所要解决的具体问题，比如社区治理与建设、社会组织培育、社会矛盾排查、社会冲突化解等等；二是勾画社会治理的愿景，比如人民安居乐业、社会公平公正、国家长治久安等等。不管哪种方式，共同的特征是缺少理论上的统摄性和一般性。结果是：一方面，社会治理实践对理论阐述的需求十分强烈，有许多困惑亟待澄清；但另一方面，学术界的理论阐述却非常薄弱，难以适应现实的需要。尤其是社会学，在本来最应该、最能够发声的社会治理领域，失声非常严重，对社会政策和舆论的影响十分有限。

不难理解，党和政府毕竟是政策倡议者而不是学术研究者，因此中央文件是从实际工作角度去描述社会治理，采取的是一一列举“人民最关心最直接最现实的利益问题”的方式，没有也不必进行精微的学理辨析。然而，实际工作推进到一定阶段，就必然发生理论问题。因为现实问题总是千差万别，如果不寻绎出其中的普遍性和规律性，形成一个足够清晰、简洁而又深刻的理论概括，在实际工作中就难以做到博观约取、执简驭繁。即使如中央文件指出的那些社会治理的工作内容，乍看很清晰，但具体到不同时期和地方，差别又是很大的。因此，必须在实务的基础上加强理论研究，以便更加有效地建立思路、统一认识、协调行动。

从理论上阐述社会治理的任务当仁不让地落到学者，尤其是社会学者肩上。综观学界关于社会治理的讨论，会发现，当前学界关于社会治理的理解和阐述总体上仍停留在表面。这主要表现在：

第一，著述虽多，但大量都停留在政治宣传上，主要内容是解读党和国家的政策，申论其必要性和重要性，并未进行深入和细致的学理分析，宣传意义大于理论意义，从学术研究的角度来说，可供参考和对话的内容不多。

第二，一些冠以“社会治理”之名的作品，虽然属于社会科学意义上的研究，也做得比较扎实，但都是关于社区服务、社会组织、社会工作等具体问题的研究。至于背后更一般的理论问题，即社会治理是什么、干什么、怎么干，往往只是蜻蜓点水，并无专门阐述，俨然该问题是其义自现或不证自明的。在这里，“社会治理”与其说是赖以推进理论分析的基础性概念，不如说是基于形势而临时取用的标签。

第三，专门讨论“社会治理”概念的文章，不仅数量甚少，而且往往用枚举法代替逻辑演绎。这种做法有助于加深感性认识，但无论怎样枚举，终归只有现象而无概括，顶多明确了外延而未揭示内涵，不能揭示社会治理的本质①。

基于上述状况，要推进相关研究，就必须抓住关键、找准切入点。在这个问题上，学界曾有一段时间纷纷将火力集中到“治理”上，以之作为理解和阐述社会建设和社会治理的关键。背后的一个重要动因是，在2018年召开的党的十八届三中全会上，中央用“社会治理”取代了“社会管理”。然而，尽管概念的这一转变具有重要的政治意义，但在理论上并不构成把握社会治理的关键，从“治理”入手去理解社会治理是一个失焦的选择②，真正的切入点应该是“社会”。

三、“社会”作为剖析的焦点和钥匙

在许多人看来，“社会”这个概念人人都懂，无须专门申论。殊不知，“社会”才是在认知和实践上造成混乱的根源。

第一，从实践来看，在调研中发现，社会治理最让一线工作者苦恼的地方不是“治理”，而是“社会”。因为如前所述，在构成中国特色社会主义事业总体布局的五大建设中，其他四大建设都显得可感可知，在工作中可以找到明确的抓手，唯有社会建设不知从何抓起，让人觉得很茫然。

第二，在党和国家的各种政治表述中，“社会治理”与“社会建设”

---

① 郑杭生，杨敏．关于社会建设的内涵和外延：兼论当前中国社会建设的时代内容．学海，2008（4）．

② 冯仕政．发展、秩序、现代化：转型悖论与当代中国社会治理的主题．中国人民大学学报，2021，35（1）．

一直是联袂出现的[①]，而从语法上看，"社会"既是"社会治理"与"社会建设"得以贯通和联系的共同词素，也是它们与中国特色社会主义事业"五位一体"总体布局中的经济建设等其他四大建设相区别的唯一词素。就构词而言，"社会"显然是"社会建设"和"社会治理"这两个概念的核心，是其赖以成立的基础，因而也是破解其真谛的关键。

第三，从实际使用来看，一个稍加注意即可发现的现象是，人们对"社会"这个概念正因为耳熟能详，反而习焉不察。结果，以为使用的是共同语言，彼此心心相印，实际却是各说各话，相互出入、抵牾、误会之处甚多，许多理论上的混乱和无谓的争论因此而起。正如下面马上就会指出的，同样的景象也发生在"社会治理"这个概念上。

事实上，在以往的研究中，已有学者意识到"社会"这个概念歧义甚多，并感觉这是造成"社会治理""社会建设"等概念的含义晦暗不明，以致相关讨论纠缠不清的原因所在。因此，他们尝试从"社会"这个概念入手去澄清对"社会建设"和"社会治理"的理解。

比如，郑杭生等指出，以往关于社会建设的阐释往往用外延去代替内涵，因而不能揭示其本质，而要抓住本质，就必须从"社会"入手[②]。由于"社会"有广义和狭义，"社会建设"相应也有两种含义。广义的社会建设是指"整个社会大系统"的建设，狭义的社会建设是与政治、经济、思想文化等其他子系统并列的"社会子系统"的建设，这两种建设之间的

---

① 冯仕政．发展、秩序、现代化：转型悖论与当代中国社会治理的主题．中国人民大学学报，2021，35（1）．

② 郑杭生．关于和谐社会建设的几个问题．江苏社会科学，2005（5）；郑杭生．社会学视野中的社会建设与社会管理．中国人民大学学报，2006（2）；郑杭生．社会建设和社会管理研究与中国社会学使命．社会学研究，2011，26（4）；郑杭生，杨敏．关于社会建设的内涵和外延：兼论当前中国社会建设的时代内容．学海，2008（4）．

连接部分则是“中义”的社会建设。

类似地，陆学艺也认为“社会”是一个多义词，同样可以划分为大、中、小三层。其中，“大社会”等同于整个国家，“中社会”是“大社会”减去经济之后剩余的部分，而“小社会”则是“大社会”减去政治、文化、科技等更多内容之后剩余的部分①。

另有一些学者则未从理论上辨析“社会”概念的内涵，而只是在讨论具体问题时就赋予“社会”以何种含义提出自己的主张。概括起来，主要有四种观点：第一，“社会”即社会事业，也就是教育、就业等群众最关心的民生问题；第二，“社会”即社会管理，主要指社会安定和谐；第三，“社会”即社会结构，比如城乡关系、行业关系、阶层关系等等；第四，“社会”即社会组织，比如行业协会、非政府组织等等②。

不难发现，上述观点虽然把“社会”作为理解社会治理或社会建设的切入点，比起那些在“治理”概念上做文章的论述在理论上前进了一步，但仍然只是从外延上去阐释“社会”，并未揭示“社会”的本质，因而关于“社会”的界定就难免有随意性和歧义性。比如郑杭生和陆学艺都认为“社会”可以划分为大、中、小三个层次，但具体怎么划分，意见并不相同。过多的随意性和歧义性，会导致“社会”沦为一个没有确指的空洞的概念③，看似无所不包，结果不知所云。

其实，同样的理论困境在民国时期即已发生。孙本文是民国时期对“社会建设”论述最为系统、最有影响的学者之一，他就发现：“社会建设

① 陆学艺．关于社会建设的理论和实践．国家行政学院学报，2008（2）．
② 王春光．新时代的社会建设：学习解读十九大报告．领导科学论坛，2018（10）．
③ 李培林．社会治理与社会体制改革．国家行政学院学报，2014（4）．

的对象，颇难确定”，如把社会建设等同于社会上一切事业的建设，则含义太广，大而无当；如与其他建设相对并举，则又难以厘定不同建设之间的关系，导致概念和工作内容模糊不清。如何界定，“真有左右为难之势”[①]。显然，让孙本文犯难的正是如何理解“社会”这个概念。他尽管已经意识到把“社会”界定得过大或过小都是问题，但斟酌半天，最终仍是折中了事，对“社会”到底是什么并未给出一个明确的说法。

综上所述，“社会”到底是什么、在哪里，确实是困扰社会治理研究的一个基础而又核心的问题，以往的研究曾经试图穿透其中的迷雾，但并不成功：要么没有自觉把对“社会”的理解作为理论探究的起点和焦点，要么关于“社会”的解析都是直观式、断言式的，没有论证，也没有对话。职是之故，下面拟将“社会”置于分析的中心，以之作为理论探究重新出发的起点。

四、“社会”的词源与词义

“社会”这个概念在今天的使用是如此广泛和平常，以至许多人认为它古已有之。事实上，“社会”无论作为一种思维概念，还是作为一种客观实在，并不是从来就有的。无论在中国或西方，它都是现代化的产物。

据研究，在汉语中，“社”和“会”都是古老而常见的词，但一般只作单字使用，虽然也有连在一起形成“社会”字样的时候，但只是偶尔发生，既非固定词组，也不具有现在的含义[②]。事实上，当今意义上的“社会”一词并不是中国文化原生的产物，而是英语单词“society”的中文对译[③]。并

---

① 孙本文．关于社会建设的几个基本问题．社会学刊，1936（1）．

② 陈宝良．中国的社与会（增订本）．杭州：浙江人民出版社，2011．

③ 崔应令．中国近代“社会”观念的生成．社会，2015，35（2）；黄克武．晚清社会学的翻译：以严复与章炳麟的译作例//孙江．亚洲概念史研究：第1卷．北京：商务印书馆，2018．

且，最早用汉字“社会”去对译“society”的是日本人。“社会”一词约在20世纪初传入中国，尔后才在中文里流行开来[①]。易言之，如今在中文里俯拾皆是的“社会”一词其实是一种舶自西方的概念，辗转输入中国不过百余年时间。

那么，“社会”究竟是什么意思呢？追本溯源，要从society谈起。据考证，“society”系由拉丁语演变而来，原意为自发自愿的交游、结交、结伴、结伙、结群等等[②]。相应地，所谓“society”，说白了，其实就是“social”的结果和产物，指人们通过自由交往而形成的结合。时至今日，在英语里，“social”的义项除“社会的”，还有“社交的”，而“society”的义项除常见的“社会”，还有“会社”“协会”“学会”等等，根源就在这里。

汉语中的“社会”一词也有类似的起源和流变。前已指出，“社会”系由“社”与“会”组合而成。其中，“社”最初指祭祀土地神的地方或活动，后引申为人们因某种志同道合的活动而结成的群体，故有“诗社”“画社”等说法；而“会”本身就是聚集、碰面的意思。从这个角度来看，用“社会”去对译“society”，无论是词义还是历史脉络都颇为吻合，可谓形神兼备。

综上，不管是英文“society”，还是中文“社会”，本义都是指人们通

① 陈力卫．词源（二则）//孙江．亚洲概念史研究：第1卷．北京：商务印书馆，2018；黄克武．晚清社会学的翻译：以严复与章炳麟的译作例//孙江．亚洲概念史研究：第1卷．北京：商务印书馆，2018；木村直惠．“社会”概念翻译始末：明治日本的社会概念与社会想象//孙江．亚洲概念史研究：第2卷．北京：商务印书馆，2018.

② 陈力卫．词源（二则）//孙江．亚洲概念史研究：第1卷．北京：商务印书馆，2018；崔应令．近代西方“society”观念的生成．武汉大学学报（人文科学版），2011，64（6）；崔应令．中国近代“社会”观念的生成．社会，2015，35（2）.

过自由交往、自愿结合而形成的群体。从这一本义出发，“society”和“社会”的意涵在实际使用过程中又随情境而有所扩展和迁移：一是不仅泛指那些经由自由交往、自愿结合而形成的任何群体，而且往往特指那些由无权无势、寂寂无名、草根性、游离性的人所组成的集合；二是不仅指人与人相结合而形成的特定群体形式，而且指这样一种结合形式中所蕴含的力量；三是与前两项相对应，作为一种力量，有时泛指人们经由自由交往、自愿结合而产生的任何力量，有时则与那些有名有姓、有头有脸的显赫势力相对，特指那些默默无闻或难以名状，从而不易觉察、容易忽视的力量。这样一些意涵从“社会”一词的日常使用中不难体察，但问题的关键是掌握这些词义所反映的历史逻辑。

五、“社会”是什么？

“社会”作为一种概念的兴起及其内涵的确定、扩展和流变，都与现代化所造成的历史情势息息相关。这表现在，在传统社会中，每个人都高度依附于家庭、部落、城邦、教会、庄园等各种组织，必须按照组织的需求或规范而过一种集体的生活。正如涂尔干所言，传统社会是“机械团结”的，每个人都没有自由，像无机物一样附着于集体①。在这个意义上，每个人都是“有主”和“有名”的，无论你是什么阶层，均没有多少交往的自由；只有那些被集体抛弃的无名无主、无依无靠的人才能获得“自由”交往的机会，从而形成所谓“社会”。简言之，在古时候，“社会”作为一种交往形式和人群形式是稀罕而无足轻重的，自然也不会产生“社

① 涂尔干．社会分工论．渠东，译．北京：生活·读书·新知三联书店，2000.

会”这样一种观念和概念。

然而，随着现代化的发轫和推进，各种传统组织的束缚不断被打破，人们获得了前所未有的独立自主性，相应地，自发自愿、自由自在的结群和交往，亦即所谓“社会”也越来越活跃和普遍。作为对该现实的反映，“社会”也就逐渐兴起并积淀为一个稳定而常用的概念。正是在这个意义上，我们说“社会”作为一个概念的诞生是现代化的产物。

更进一步说，“社会”概念的兴起又特别与资产阶级的崛起有莫大关系。众所周知，现代化最早始于西欧，而推动现代化最用力的是新兴资产阶级。资产阶级的出身并不高贵，他们在封建社会中其实是地位低下的第三等级。作为第三等级，他们一方面被忽视和鄙视，但另一方面也因此而摆脱了上流社会必须面对的许多束缚，获得了上流社会所没有的许多自由。其中很重要的一点，是他们能够通过自由交往形成自己的“社会”。换句话说，在人类现代化过程中，最先能够形成“社会”的往往是那些地位较低的阶层。这也是“社会”作为一个概念，在泛指通过自由交往而形成的任何群体的同时，又往往特指由那些阶层较低的人所结成的群体的原因。

然而，正是这样一种自由形成的“社会”，孕育了后来的“市场”。而“市场”的兴起，反过来又要求进一步扩大交往的自由。承认和扩大“社会”的力量，遂成为一种政治诉求和意识形态。随着资产阶级革命的不断胜利，“社会”作为一种生活形态越来越普遍，“社会”作为一种现实力量越来越壮大，与此同时，“社会”也被赋予越来越崇高的价值。相应地，“社会”作为一个概念，慢慢地就普遍到人们已经不觉得它曾经是一个专门的术语。与现代化的步伐相一致，即便在欧洲，“society”作为一个概念的兴起也是 19 世纪的事[①]。

这样一种历史渊源，使“社会”一词同时获得了两重基本含义：第一重，作为对当下和现实的刻画，它往往指向那些被忽视甚至被鄙视的人群或力量。这时候，所谓“社会”，就是人们想不起、记不住或者不想理的那些内容的总称。这个意义上的“社会”，用费孝通的话来说，就是一种“剩余物”[②]，亦即一个总体中减去人们想得起、记得住、点过名的内容之后剩下的那些内容。前文郑杭生、陆学艺等人关于“狭义”的社会的解说，正是这样一种“社会”观念的反映。参诸历史，“社会”获得这样一种含义完全可以理解，因为它最初确实就是一个用以描述此类人群和力量的概念。

然而，如前所述，在概念发展过程中，“社会”还被赋予了某种崇高的价值。这就使“社会”获得了第二重含义，即作为一种理想和愿景，它表示“大团结”，亦即所有个体通过自由交往而亲密无间地生活在一起。这种意义上的“社会”，就如马克思和恩格斯所描述的，是一种彻底消除了异化和不平等的、每个人都充分发展的自由人联合体状态[③]。

六、“社会”在哪里？

如前所述，在社会治理实践中，一个严重的困惑是，“社会”似乎无处不在，却又无处可寻，使人工作起来很茫然。这就进一步提出了“社会”在哪里的问题。“社会”在哪里？基于上面所揭示的“社会”的两重

---

① 冯凯．中国“社会”：一个扰人概念的历史//孙江．亚洲概念史研究：第 2 卷．北京：商务印书馆，2018.

② 费孝通．乡土中国．北京：北京出版社，2011.

③ 中共中央编译局．马克思恩格斯选集：第 1 卷．3 版．北京：人民出版社，2012.

内涵，那么，“社会”在现实中的存在可以形象地概括为两个地方：一个是“角落里”，一个是“衔接处”。其中，“角落里”主要描述第一重即“剩余物”意义上的“社会”，而“衔接处”则主要描述第二重即“大团结”意义上的“社会”。

所谓“角落里”，是指人类生活中不那么起眼、容易被忽视的地方。具体来说，它首先包括所谓“弱势群体”，即那些因为老弱病残等原因而整个在生活上表现得比较脆弱的群体。但其次，需要注意的是，它还包括弱势特征，即那些不为某一群体所特有，但可能导致任何群体和个人在生活上陷入困境的特征，比如抑郁、过劳、焦虑、失眠等等。特地指出弱势特征的意义在于，不少在整体上普遍被认为属于强势的群体，也可能因为受某些特征的困扰而在某些方面表现得非常脆弱。比如，许多影视明星虽然总体上生活优渥光鲜，却饱受失眠或抑郁的困扰，从而在某些方面显得很脆弱。弱势群体和弱势特征是一个社会的软肋，需要重视却总是被忽视，不啻阳光不到之处，故称“角落里”。

所谓“衔接处”，是指那些把人类生活的各个部分关联起来形成一个整体的社会纽带。人类在发展过程中会不断产生各种需求，因而必然创造出形形色色的社会结构，以承担满足这些需求所必需的职能。人类的需求在不断地演化和分化，相应地，社会结构也在不断地演化和分化。像当今经济、政治、文化等制度安排，就是社会结构不断演化和分化的结果。不过，尽管从分工的角度来说这些制度安排是相互独立的，但从人类生活的角度来说它们又是连为一体的。因为不管是哪个领域的制度，彼此再怎么分化，归根到底都是人的活动的产物，都是为了满足人的需要，从而最终在整体上也都受着人的需要和活动的调整。因此，它们必然有着千丝万缕的联系，是相互连接而非完全脱节的。而那些把人类生活的各个部分衔接成一个整体的内容，就是这里所说的“社会”的第二种存在。

相对于“角落里”，作为“衔接处”的“社会”没有那么直观。如果打个比方，人类生活的整体就好比一个城市的交通系统，经济、政治、文化等各种制度安排就好比主干道，那么“社会”则是把主干道组织成一个整体的连接道。与“角落里”一样，作为“衔接处”的“社会”也不那么起眼、容易受忽视，但并不代表它不重要。就像许多城市的交通建设，只把主干道修得宽宽大大，却忽视主干道之间的连接道，结果往往最堵的是连接道，连累主干道的通行效率也大为降低。针对这个意义上的“社会”，费孝通曾经说：“社会现象在内容上固然可以分成各个制度，但是这些制度并不是孤立的……从各制度的相互关系上着眼，我们可以看到全盘社会结构的格式。社会学在这里可以得到各个特殊的社会科学所留下的，也是它们无法包括的园地。”[①] 这一阐述非常有启发性。

具体来说，“衔接处”又是指什么呢？指社会交往，或者说社会关系。这里所谓“社会关系”，不是所有制关系、雇佣关系等抽象的 social relationship，而是朋友关系、夫妻关系、同学关系等具体的 social ties。人类的各种活动，一方面最终必须落脚于社会交往，依靠社会交往去实现，另一方面又不断创造新的社会交往，进而繁育新的人类活动。正是这种看似寻常的社会交往，发挥着如同软件系统中的底层代码一样强大的功能，不动声色地把人类活动的各个部分串联在一起。离开社会交往，整个社会系统就会散架，举凡经济、政治、文化等等，什么活动也无法进行。当然，

① 费孝通．乡土中国．北京：北京出版社，2011：135.

不是所有社会交往都能发挥衔接功能，如果是只联结而不团结，反而会造成社会脱节、断裂甚至对抗。因此，“衔接处”意义上的“社会”，主要是指那些能够促进人与人的团结的社会交往。

对“社会”概念的阐发，为观察、理解和推进当今中国的社会治理奠定了良好的理论基础。下一章将揭示“社会”的二重性，以及由此引出的社会治理的中心内容。

第二章

社会治理的内容与本质

在党和国家的文件中，社会治理的基本内容尽管在不同时期和不同场合有不同的表述，但概括起来，基本是以下七个方面，即教育、就业、收入分配、社会保障、医疗卫生、社会安定、国家安全。这些内容都是从工作任务的角度来阐述的。那么，如果从逻辑的角度来分析，这些内容又有什么共同的本质，以至都被纳入社会治理的工作范围？易言之，社会治理的本质是什么？如果不从理论上回答这个问题，实际工作将失于分散、浮于表面，既难以统合，也抓不住本质和要害。上一章关于“社会”概念及理论的种种剖析，不过是在反复证明一个观点，即社会治理的本质是科学把握和合理调整社会性与公共性的关系，或者说联结与团结的关系，以使整个社会摆脱散漫、脱节或对立状态而更加有机地组织起来。

一、社会性与公共性

第一章关于“社会”的剖析，实际上指出了“社会”在内涵和表现上的二重性。由于第一重意义即作为“角落里”的“社会”所覆盖的范围更小，方便起见，不妨称其为“小社会”。相应地，第二重意义上的“社会”则称为“大社会”。既然“社会”有小社会与大社会这样两重含义和表现，那么小社会与大社会之间是什么关系，对于理解社会治理又有什么意义呢？可以这么说，小社会与大社会的关系就是社会性与公共性，以及联结与团结的关系。正是小社会与大社会这样一种二重性，产生着开展社会治理的必然性，规定着社会治理的中心内容，同时提供着社会治理的基本动力。理解这一点，有助于更好地从理论上把握当下中国的社会治理。

基于“社会”一词的含义，所谓“社会性”，是指每个人无论出于何种需要——生理的或心理的，生存的或发展的——都必须与他人发生接触和交往这样一种属性。也就是说，人与人之间总是会产生某种联结，这既是必然，也是必须。一个人与他人的联结越多、越丰富，则称其社会性越强。社会性的一个重要特征是自发性，即人与人的联结并不是某个权威强加或安排的，甚至不是当事人特意规划的。就像人们坐公共汽车，必然与各种乘客发生接触，但接触谁、怎么接触，并不完全在自己的掌握之中，但是联结就那么发生了。

而“公共性”，则是由于人们在生产和生活中必然产生这样或那样的相互依赖，为此要求每个人都必须适当地谦抑自我，对他人保持基本的尊重、宽容、信任、体谅和照顾，以便通过相互合作增进共同利益。一个人越是愿意为了公共利益而谦抑自我，则称其公共性越强。这样一种交往状态，用社会学的话来说，就是社会团结。

需要注意的是，公共性不等于集体性。提振公共性的目的是催生共同利益所需要的集体行动，所以一定会产生某种集体性。但并不是所有集体性都意味着公共性。像家族主义、帮派主义，集体性也很强，但并不具有公共性，反而是在危害公共性。公共性的要害是“公”，因此首先要克服“私”。那些因私益而聚结的集体，不能说有公共性。检视公共性的一个重要而敏感的指标，是一个人尊重、包容、信任、体谅和平等对待陌生人的意愿及能力。因为如果对萍水相逢、素不相识的陌生人都能一视同仁，那几乎就是“天下为公”了，当然公共性很强。

要言之，社会性起源于人与人的联结，公共性则依赖于人与人的团结。显然，每个人都必须与他人发生这样那样的联结，但并不是所有人在所有场合都愿意为了公共利益而谦抑自我。因此，公共性必须基于社会性，但并不是所有社会性都会产生公共性。公共性是社会性的高级形态，是经过动员的，从而更有秩序也更有能量的社会性；而社会性则是公共性的原生形态，比公共性更朴素、更自然，但也更散乱。离开社会性，公共性会失去源头活水；而离开公共性，社会性则前景莫测。两者之间就是这样一种相辅相成的关系。所谓“社会如何组织”，基本内容正是要处理这样一种关系。

尤其是在以高度开放、流动和分化为特征的现代社会中，一方面，社会性亦即人与人的联结越来越活跃，却也越来越零乱，另一方面，对公共性亦即人与人的团结的潜在需求越来越强烈，但公共生活的组织却越来越艰难。显然，这实际上意味着分化与整合、活力与秩序的张力越来越大。这样一来，怎样以社会性衍生公共性，又以公共性超拔社会性，以促进社会性与公共性的互动共生，实现从联结到团结的良性递推，就成为社会治理面临的根本挑战。

在中国的社会治理问题上，已有学者意识到这一点。比如李友梅等指出，公共性发育不足是当下中国社会建设面临的主要瓶颈，因此社会建设的根本性论题是培养人们的公共性，克服由文化传统等多种因素造成的“公共性困境”①。洪大用则认为，创新社会治理要注重分析社会的宏观特

---

① 李友梅，肖瑛，黄晓春．当代中国社会建设的公共性困境及其超越．中国社会科学，2012(4).

征。中国当今社会与传统社会相比，最显著、最突出的特征是社会流动[①]。当前面临的大量治理问题都与社会流动的增加相关。社会流动的不足、过剩或扭曲，都会造成社会问题。因此，社会治理的关键是创造合适的社会流动的规模和结构。这些论述都点出了社会治理的本质或关键，只是由于没有抓住社会性与公共性这个基本矛盾，所以在逻辑上仍然不够严整。

二、“大治理”与“小治理”

前面说小社会与大社会的关系就是社会性与公共性、联结与团结的关系，是因为社会性的最紧要处在小社会，而公共性的最紧要处在大社会。如果把针对小社会和大社会的治理分别称为“小治理”和“大治理”，那么，维系和促进社会性的关键是小治理，而培养和增进公共性的关键则是大治理。道理很简单，那些处于社会角落的弱势群体或弱势特征是整个社会联结中最薄弱、最容易“掉链子”的一环，要保证社会有足够的联结性，首先是保证这些社会的角落不掉队、不敌对，为此必须加强小治理。同样地，要增进公共性，着眼点和着力点自然是建立和加强社会各个部分之间的衔接，避免各自为政、相互折损。这显然是大治理的任务。

小社会与大社会、小治理与大治理也是一种相辅相成的关系。一个社会如果小治理失败，就会发生严重的小社会意义上的问题，即出现庞大的弱势群体或受弱势特征困扰的人群，存在太多受到忽视和冷落的社会角落。而这意味着阶层固化甚至两极分化，必然造成社会交往的断裂或梗阻，严重影响社会联结的广泛性和丰富性，不仅会窒息社会活力，而且潜

---

① 洪大用．社会治理的关键是治理流动性．社会治理，2017（6）；洪大用．有效治理流动性是社会治理创新关键．新华日报，2018－05－22（13）．

伏着社会对抗的风险。在这种条件下，即使能够形成公共生活，其范围也是狭隘的，基础也是脆弱的，随时可能因为弱者不期然或不经意的反抗而造成严重的社会不安，就像现在大家从不时出现的社会报复事件中看到的那样。在这个意义上，小治理是大治理的前提和基础，离开小治理，大治理不可持续。

同时，解决弱势群体和弱势特征等小社会意义上的问题，要求全社会有起码的尊重、包容和同情心。与此同时，对弱势群体和弱势特征的支持也不能滥施同情，而必须顾及与其他群体的适当差别和有机衔接，如果太"左"，只会适得其反。也就是说，以扶持小社会为内容、以维系社会性为己任的小治理，一方面必须依靠，另一方面也不能背离以衔接大社会为内容、以增进公共性为己任的大治理。脱离大治理，小治理不可能成功，甚至不可能展开；对小社会的扶持，不管从正面还是反面都要坚持大社会观念。

在上述相互依赖的意义上，可以说，大社会包含小社会，大治理包含小治理，毕竟没有对小社会的联结，也就不会有大社会的团结。然而，需要注意的是，毕竟两者覆盖的范围和针对的人群不一样，工作的内容、目标和要求也不一样，小治理着眼于基本水平的保障，致力于兜底和拾遗补缺，大治理则着眼于更高水平的发展，致力于整合和穿针引线，其间的张力是不言而喻的。

如前所述，"社会"概念的第一重含义，即存在于"角落里"的小社会，更多是刻画一种现实，即由于分工或分层的原因，人与人必然发生分化，一些人因此而难免被忽视和冷落；而其第二重含义，即存在于"衔接处"的大社会，则更多是表达一种期待，即希望社会的各个部分能够有机地衔接起来，使大家各得其所、各司其职。这就意味着，从小社会到大社会，从小治理到大治理，中间需要穿越无数社会分层或分工的限制，并不是一蹴而就的。其中的千折百回，正是社会治理需要下的功夫。

易言之，“社会”概念的两重含义和表现，一个偏重当下，描绘的是现实，一个偏重未来，擘画的是愿景。对于这一点，从形式逻辑的角度来看，似与概念界定所要求的一致性不符，但从实践的角度来看，当下与未来、现实与愿景、目标与条件之间往复不断的纠缠正是人类生活的常态。而“社会”概念的两重含义和表现，不过是这样一种纠缠在观念上的反映，体现着“社会”中当下与未来、现实与愿景、目标与条件的辩证运动。正是这样一种辩证运动，推动着生生不息的社会治理实践及其内容的不断调整。

三、“社会”与社会理论

社会性与公共性的关系，乍听似乎是一个只有公共管理学科甚至公共管理实务才关心的问题，不属于社会学的研究范畴。但事实上，从社会学的诞生和使命来说，“社会”如何组织和治理必然是其核心研究议程，从社会学史上看，社会性与公共性的关系正是社会学考察该问题的基本理论视角，只不过不同时代、不同流派的社会学家操着不同的语言而已。

前已指出，“社会”是现代化的产物，是人类生活形态的一次划时代变革。这自然会引起思想家们的强烈关注[①]。可以说，近代以来的各种社

---

① 倪玉珍．法国大革命与“社会科学”的诞生：19 世纪上半叶法国思想家重建社会的努力．社会科学，2016（10）；倪玉珍．从“社会”的视角思考政治：19 世纪上半叶法国政治话语的重要转变．世界历史，2017（6）；倪玉珍．寻求对“社会”的理解：圣西门的社会生理学．社会，2019，39（1）．

会理论，核心旨趣都是剖析这个新生“社会”的演化逻辑并据以描绘人类生活的愿景。其中，在理论上最富有挑战性和吸引力的莫过于“社会”中蕴含的一个基本难题，即联结与团结的张力：一方面，“社会”的出现，意味着人与人的联结越来越自由、越来越丰富，理论上为个人的发展提供了空前广阔的空间；但另一方面，同样是因为“社会”的出现，人们越来越相互依赖，因而越来越需要公共生活，但偏偏“社会”又是分工和分层的，并且越来越复杂，由此造成人与人的团结越来越困难，公共生活越来越难以举行。这样一个矛盾，可能会生生窒息“社会”为个人所提供的广阔发展空间，甚至走向“一切人反对一切人的战争”的恐怖前途。

于是，怎样走出这样一种困境，成为近代以来社会理论家们思考的核心问题。他们从不同角度、使用不同范畴对这一历史巨变做了阐述。其中表现最典型、影响最深远的是所谓“自然状态”学说。自然状态学说内部包含多种理论，互有分歧，但核心关切都是怎样构造一种制度，使人们能够摆脱各自为政的、混乱和野蛮的“自然状态”，走向能够合作的、文明和有序的“政治状态”[①]。显然，它不仅关心“社会如何组织”这个问题，而且是从社会性与公共性、联结与团结的角度去讨论这个问题。所谓“自然状态”和“政治状态”，其实就是社会性和公共性、联结与团结的另一种表述。

具体到社会学，孔德之所以创立这么一门学科，也是注意到“社会”作为一种新的划时代的人类生活形态，需要加以科学和系统的研究。而他

---

① 李猛．“社会”的构成：自然法与现代社会理论的基础．中国社会科学，2012（10）；李猛．在自然与历史之间：“自然状态”与现代政治理解的历史化．学术月刊，2013，45（1）；许章润，翟志勇．人的联合：从自然状态到政治社会．北京：法律出版社，2014.

把社会学的研究主题定为秩序与进步，无疑也是在回应对这个新生的“社会”如何加以组织的问题。之后马克思、滕尼斯、涂尔干、韦伯等经典社会学家的理论，其实都是试图从整体上把握“社会”的本质特征和基本逻辑，以诊断当下的问题并推演未来的前景。

他们为此而开发的种种理论范畴，如“异化”①、“共同体与社会”②、“机械团结”与“有机团结”③、“理性化”④ 等等，都是致力于刻画“社会”内部的基本张力，即“社会”的诞生一方面使个人摆脱了种种传统的束缚，获得了前所未有的自由，但另一方面也造成人的个体化和原子化，成为有联结而无团结的散众。“社会”如何避免自我毁灭而实现新的团结，着实是一个严重的问题。对这个问题，他们基于不同的立场、使用不同的范畴、从不同的角度给出了自己的回答。很显然，他们所关心的这个问题，同本章所说的社会性与公共性、联结与团结的张力在本质上是一样的，可谓异曲而同工。

其中也有一些社会学家，如马克思、恩格斯和哈贝马斯等，直接用社会性与公共性的张力来刻画人类社会的演进逻辑。在马克思主义经典作家看来，社会性与公共性在历史上是一种正反合的辩证关系⑤：在原始社会中，社会性与公共性是统一的，但随着阶级分化，公共性逐渐脱离并凌驾于社会性之上。这集中表现在，国家成为公共机构的终极体现，却又以公

---

① 中共中央编译局．马克思恩格斯选集：第1卷．3版．北京：人民出版社，2012：2.

② 滕尼斯．共同体与社会．张巍卓，译．北京：商务印书馆，2019：476.

③ 涂尔干．社会分工论．渠东，译．北京：生活·读书·新知三联书店，2000：33－92.

④ 韦伯．韦伯作品集V：中国的宗教 宗教与世界．康乐，简惠美，译．南宁：广西师范大学出版社，2004：448.

⑤ 中共中央编译局．马克思恩格斯选集：第4卷．3版．北京：人民出版社，2012；列宁．列宁选集：第3卷．3版．北京：人民出版社，1995.

共服务之名而行阶级统治之实。因此，无产阶级的使命就是消灭国家，使人类摆脱公共性与社会性的对立，再次回归统一。基于类似思路，哈贝马斯的理论，核心便是怎样通过真诚无碍的沟通打破“系统”对“生活世界”的殖民，恢复本初意义上的，即“社会”与“公共”保持高度一致的生活世界和公共领域[①]。

由此可见，“社会如何组织”的问题确实是近代以来社会理论的核心研究议程，而其中的基本理论关切便是社会性与公共性的关系。基于这一理论视角，社会治理问题在本质上是一个怎样处理社会性与公共性的关系，以实现社会联结与社会团结的良性循环的问题。这与我们从新冠疫情中得到的观察是一致的，也为我们观察、反思和推进中国社会治理提供了一个重要的理论标尺。

四、转型悖论与“组织起来”

社会性与公共性或者联结与团结的关系，之所以成为社会治理的本质内容，是因为它关系到现代社会的一个根本悖论，即发展与秩序的关系如何平衡。

发展与秩序的关系是随着“社会”这样一种人类生活新形态的诞生而必然产生的一个悖论：一方面，有秩序而无发展，秩序自然难以为继，但有发展而无秩序，发展同样难以持久。在这个意义上，双方是相互依赖的。但另一方面，发展本身却会不断地打破旧秩序、构造新秩序。在这个意义上，双方又是相互对立的。这样一种充满张力的关系，使发展与秩序

---

① 哈贝马斯．公共领域的结构转型．曹卫东，等译．上海：学林出版社，1999.

形成一个相生而又相克、相反而又相成的悖论。在传统社会中，因为不以发展为念，注意力都在秩序上，所以基本不存在这个问题；而在现代社会中，随着理性主义精神的兴起，发展成为人类一种旺盛的、不可遏止的追求，发展与秩序的矛盾于是越来越突出。由于这个悖论是伴随现代化转型而发生的，故可称为“转型悖论”①。社会学的创始人孔德将进步与秩序作为社会学研究的主题②，无疑是敏感地捕捉到了转型悖论对“社会”运行的决定性影响。

上文已经指出，扩大社会性有助于释放活力，从而有利于发展，而增进公共性则有助于更好地保持和构建秩序，因此可以说，社会性与公共性的关系是发展与秩序的关系，即转型悖论在社会治理实务中的具体要求和展现。在前面，社会性与公共性的关系根据场景可能表现为联结与团结、小社会与大社会、小治理与大治理的关系；在这里，它又同发展与秩序的关系联系在一起。与多种社会场景都有顽强和密切的联系，正体现了社会性与公共性的关系作为社会治理之核心内容的性质。

转型悖论是所有国家在现代化过程中都会经历的阵痛，但对发展中国家来说更为严重。社会治理作为一个理论和政治命题的提出，正是对这一阵痛的反应。可以说，转型悖论越突出、对转型悖论的认识越自觉，在政治上和学术上明确提出“社会建设”或“社会治理”命题的可能性越高。从历史上看，西方其实也是有社会建设和社会治理的③，但并未出现“社会建设”或“社会治理”这样的概念，这与其作为先发现代化国家，转型

---

① 冯仕政．发展、秩序、现代化：转型悖论与当代中国社会治理的主题．中国人民大学学报，2021，35（1）．

② 孔德．论实证精神．黄建华，译．北京：商务印书馆，1996．

③ 倪玉珍．法国大革命后的社会重建（1814—1848年）．史学理论研究，2015（4）．

悖论不如发展中国家严峻有关。

中国是一个疆域大国和文明古国，但在现代化进程中所遭受的磨难是前所未有、世所罕见的，在相当长的时间内，都面临救亡图存的强大压力。在这一压力的紧逼之下，人们切身感受到中国社会的一个严重缺陷，即广大国民囿于各种血缘和地缘纽带的束缚，社会性和公共性严重不足，导致整个社会难以有效地组织起来，无法形成社会改造所需要的集体行动。于是，“组织起来”[①] 成为一种强烈的社会呼声。探讨怎样把中国人组织起来，成为当时革命家和理论家都非常关心的问题[②]。

自民国初年以来，“组织起来”可以说是中国历史的最强音之一。之所以如此，是因为在中国传统的生产和生活模式下，全体国民都囿于家族、村落等血缘或地缘组织，首先缺乏社会性，进而缺乏公共性，难以应对现代化的种种挑战，特别是西方列强的欺凌。正是在这种历史背景下，社会治理在中国逐渐浮出历史的海面，成为举国上下关注的一项重要政治议程。

五、民国时期的社会建设及其历史遗产

早在民国初年，孙中山就明确提出了“社会建设”的问题，实际就是提出了社会治理的问题。此后在整个民国时期，“社会建设”都是一项重要的政治和学术议程。到 21 世纪初，中国共产党又再次提出社会建设和社会治理的问题。这么一个过程，并不是历史和名词的巧合，而是体现着

---

① 毛泽东．毛泽东选集：第 3 卷．北京：人民出版社，1991：928.

② 费约翰．唤醒中国：国民革命中的政治、文化与阶级．李霞，等译．北京：生活·读书·新知三联书店，2004；干春松．中国政治哲学史：第 3 卷．北京：中国人民大学出版社，2019.

共同的历史逻辑，那就是，中国在现代化过程中面临的转型悖论比其他国家更为突出，因此更需要好好地处理社会性与公共性的关系。

怎样把国民组织起来？仁人志士们想到的第一个办法是“建群”，亦即通过建立商会、学会等各种“群”，一方面把国民从家庭、宗族等私人领域中拔出来，另一方面通过自发自主的群体生活培养国民的公共性。这也是当时“群”作为一种观念非常流行，甚至把“社会”都翻译成“群”，把“社会学”翻译成“群学”的原因所在。最初，人们并未注意到公共性与社会性的张力，但在革命实践中，人们很快发现并非所有“群”都具有公共性，“群”也是存在阶级分化的，于是改把 society 翻译成“社会”，把 sociology 翻译成“社会学”，以强调“社会”所代表的平民百姓这样一层含义，“社会”“社会主义”“社会建设”等概念遂流行开来①。

“社会建设”这个概念最早是孙中山提出来的。1917—1919 年，孙中山在编纂《建国方略》时，为方略之三即“民权初步”拟制了一个副标题——“社会建设”，是为“社会建设”概念在中国的发端②。南京国民政府在 1927 年成立后，开始逐步推行各项国家建设。按照孙中山的学说，“社会建设”亦为题中应有之义。尤其是 1937 年全面抗战开始之后，国民政府在社会建设方面着力甚多③。为了推动社会建设，国民党先是将党务机构中央民众训练部扩展为社会部，后又将社会部由党中央转隶

---

① 陈力卫．词源（二则）//孙江．亚洲概念史研究：第 1 卷．北京：商务印书馆，2018；冯凯．中国“社会”：一个扰人概念的历史//孙江．亚洲概念史研究：第 2 卷．北京：商务印书馆，2018；金观涛，刘青峰．观念史研究：中国现代史重要政治术语的形成．北京：法律出版社，2009.

② 胡梦．社会建设：源起、概念辨析与时代特色：民国时期社会建设的释义问题．内蒙古大学学报（哲学社会科学版），2018，50（4）.

③ 王先明，胡梦．从理论阐释到政策实施：国民政府社会建设事业的建构过程．学术研究，2017（7）；胡梦．社会建设：源起、概念辨析与时代特色：民国时期社会建设的释义问题．内蒙古大学学报（哲学社会科学版），2018，50（4）.

行政院，并在1942年召开了第一次全国社会行政会议，专门研讨战时和战后的社会建设问题[①]。按当时国民政府的说法，要实行三民主义，就必须综合开展心理建设、伦理建设、社会建设、政治建设和经济建设。

而在知识界，从1920年代开始，就陆续有人探讨社会建设问题[②]。1933年，黄知觉等一批学者甚至创办了一本名为《社会建设》的学术期刊（1934年停刊）；1934年，著名社会学家孙本文在其《社会学原理》一书中也把“社会建设与社会指导”作为一个专门问题来论述。及至1940年代，知识界对社会建设的认识就更加自觉了。1944年，孙本文等社会学家在重庆再创《社会建设》期刊，明确宣称该刊的宗旨是“发动全国富有学理研究的社会学者及富有实际经验的社会事业与社会行政专家，共同研讨有关战时及战后社会建设方面各种理论与实际问题；欲使社会学理与社会技术，冶为一炉”[③]。

与此同时，从1920年代开始，晏阳初、梁漱溟、卢作孚等一大批知识分子或实业家尝试以实际行动促进社会建设，其中最为著名的是在河北定县等地开展的“乡村建设”运动[④]。所谓“乡村建设”，实际上也是社会建设，只不过是以乡村为对象和基地的社会建设而已。

比较一下会发现，民国时期与当前所说的社会建设，其目标和任务相差甚大。如果套用孙中山的概念，那么可以说，民国时期社会建设的重点

---

① 陈长河．国民党政府社会部组织概况．民国档案，1991（2）．

② 胡梦．社会建设：源起、概念辨析与时代特色：民国时期社会建设的释义问题．内蒙古大学学报（哲学社会科学版），2018，50（4）；宣朝庆，王铂辉．一九四〇年代中国社会建设思想的形成．中国社会科学，2009（6）．

③ 发刊词．社会建设，1944（1）．

④ 宣朝庆．地方精英与农村社会重建：定县实验中的士绅与平教会冲突．社会学研究，2011，26（4）；宣朝庆．中国社会建设的文化禀赋与结构限定．社会学研究，2013，28（3）．

是“行民权”，而当前社会建设的重点是“厚民生”。翻看孙中山《建国方略》之“社会建设”篇，你会惊讶地发现，通篇内容居然只是不厌其烦地教人们怎样开会。为什么？因为在孙中山看来，民权得行的关键是国民具有参与公共事务的兴趣和能力，而懂得如何开会则为其初步：“民权何由而发达？则从固结人心、纠合群力始。而欲固结人心、纠合群力，又非从集会不为功。是集会者，实为民权发达之第一步。”① 在孙中山之后，民国时期的社会建设虽然也加入了慈善、救济等内容，但重点仍然是训练民众参与公共事务的精神和技能。

当然，民国时期的社会建设，无论政府的还是民间的，最后都失败了。究其原因，如前所述，由于有社会分化，公共性与社会性总是存在张力，分化越严重，张力也越大。而民国时期，社会分化无疑是十分严重的，但由于阶级属性、思想认识或意识形态等原因，国民党及有关知识分子并不能正确地理解和处理这种张力，因此，要么不敢放手发动群众以充分释放社会性，要么不能有效撮合社会性以积极促进公共性，甚至把社会建设变成了加强社会控制。最终，通过社会建设培养公共精神和技能以行民权的设想只能是镜花水月。不管结果如何，民国期间无论政府还是民间都始终把社会建设放在显赫位置，说明公共性与社会性的张力确实是中国现代化过程中必须面对的一个突出社会问题。

六、群众路线、计划体制与社会治理

与国民党相比，中国共产党在解放区虽然没有提出“社会建设”的口

① 孙中山．孙中山选集：上．北京：人民出版社，2011：400.

号，但作为其根本政治和组织路线的群众路线却实实在在抓住了社会建设的真谛。根据党的经典论述，群众路线由两个方面构成：一方面，体谅和照顾群众，即使他们的诉求是落后的甚至无理的，也主动倾听，绝不排斥；另一方面，不失时机地引导和教育群众，不断提高群众的认识。只有将这两个方面有机地结合，才能真正把群众组织起来[①]。这一路线背后的基本理念是党关于人民群众的深刻认识：一方面，人民群众有创造性、主动性和积极性，是推动历史前进的根本动力，因此必须予以尊重；但另一方面也要承认，群众中先进分子总是极少数，处于中间和落后状态的总是大多数，因此必须加以教育和引导[②]。

不难发现，群众路线本质上是一种要求正确认识并合理处置社会性与公共性的张力的思想、理论和工作方法。其高明之处在于：它一方面认识到社会性中蕴含着创造性，意味着无穷的活力；但另一方面，它也清醒地认识到，这种活力只有加以适当的组织，变成公共性，才能形成真实的实力。从这个意义上讲，共产党领导的革命、建设和改革之所以成功，正是因为正确认识和处理了社会性与公共性的张力，实现了联结与团结的有机循环。

1949年以后，中国逐渐形成高度集中的计划经济体制。在该体制下，国家与社会高度合一。在现实生活中，国家是公共机构的终极代表和公共性的终极体现。因此，这样一种体制意味着公共性几乎完全吞没社会性，由此导致公共性与社会性的张力在表面上消失。由于“社会”不再是一个独立的、显著的存在，所以当时国家虽然开展了许多在现在看来属于社会

---

① 刘少奇．论党．北京：人民出版社，1980.

② 刘少奇．论党．北京：人民出版社，1980.

建设和社会治理的工作，比如禁烟禁娼、推行农村合作医疗等等，但并未将其称为“社会建设”或“社会治理”。

在计划经济体制下，整个社会虽然高度有序，但也严重地抑制了社会联结的自主性和丰富性，由此造成整个社会的活力不足，由国家大一统的公共秩序最终难以为继。为了解决这个问题，国家开始推动市场经济改革，为此必须赋予社会一定的自主权，于是社会从国家的掌握中分离出来，开始自主建立各种联结。在此过程中，随着社会的分化，联结与团结的张力，亦即社会性与公共性的张力越来越大。到21世纪初，这个张力终于大到构成严重的社会问题，于是党和国家启动了社会建设和社会治理。

与民国时期不同，这一次社会建设和社会治理主要是针对“人民最关心最直接最现实的利益问题”，重点不是“行民权”，而是“厚民生”，或者说，属于针对弱势群体和弱势特征的“小治理”，覆盖范围主要是处于角落里的“小社会”。一方面，从当前中国社会转型所处的阶段来说，“人民最关心最直接最现实的利益问题”是社会治理中最紧要、最尖锐的问题，这一定位无疑是准确的。但另一方面，随着中国特色社会主义进入新时代，社会主要矛盾已经转化为人民日益增长的美好生活需要和不平衡不充分的发展之间的矛盾。显然，要解决这个矛盾，关键是平衡阶层之间、城乡之间、地区之间、部门之间等各种社会关系。这就要求具有“大社会”视野，打造“大治理”格局，于是存在一个如何从小治理逐渐向大治理过渡的问题。

对这个问题，从本书的观点出发，关键还是紧紧抓住社会性与公共性的张力这一社会治理的核心内容，做好小治理与大治理的有机衔接，防止两种治理相互脱节甚至对立。应该说，这种倾向目前并不少见，在某些领域和场合甚至还比较突出。一种情况是小治理脱离甚至妨碍大治理。这主要表现在：关心、照顾和保障人民群众的基本生活是应该的，但一些地方背离适度普惠原则，标准设置过高，甚至对群众一味迎合、迁就，对不合理诉求不愿管、不敢管，相当于放弃了党的群众路线所要求的教育和引导群众的职责。这显然背离公平原则，伤害社会团结，不利于营造正义而有序的公共生活。

另一种情况则反之，是以公共利益为由，把自发自愿从而比较散漫的社会交往视为洪水猛兽，试图把一切社会交往组织化、正规化，以致国家管得太多、太死，使社会养成惰性或失去活力。这样一种倾向，无异于党的群众路线所批评的命令主义倾向，违反了“相信群众自己解放自己的观点”和“向人民群众学习的观点”[①]。

---

① 刘少奇．论党．北京：人民出版社，1980：43，45．

第三章

中国社会治理的主题与变奏

社会治理作为当前中国经济和社会发展中的一项重要政治议程，具体的工作内容总是林林总总、千头万绪，但同样可以确定的是，既然都叫社会治理，那一定有一个贯穿其间、统领全局的主题。具体工作再琐碎、再复杂，都不过是这个主题在特定领域的分身。只有抓住这个主题，才能抓住社会治理的灵魂，否则，无论实际工作，还是学术研究，都容易陷入盲人摸象的窘境。而要回答这个问题，就必须跳出以往就具体现象或工作任务去讨论社会治理的窠臼，回到社会治理作为一项国家政治议程赖以发生的历史原点和逻辑起点，亦即从推动社会治理这一政治议程得以发生和发展的"问题意识"入手，去揭示当代中国社会治理的主题及其历史上的变奏。

一、现代化与中国社会治理的"问题意识"

问题是一切思维和实践展开的起点，"我们中国共产党人干革命、搞建设、抓改革，从来都是为了解决中国的现实问题"[①]。那么，到底是什么"现实问题"推动党和国家在21世纪初提出了社会治理这么一项政治议程？"历史从哪里开始，思想进程也应当从哪里开始。"[②] 逻辑与历史

---

① 习近平．习近平谈治国理政：第1卷．2版．北京：外文出版社，2018：74.

② 中共中央编译局．马克思恩格斯选集：第2卷．3版．北京：人民出版社，2012：14.

相统一是马克思主义进行社会历史研究的重要原则和方法。揭示中国社会治理的主题也应当遵循这一原则。因此，一个可靠的办法是追寻社会治理作为一项国家政治议程赖以发生的历史动力。在这里，历史动力就是隐含在社会治理议程背后的问题意识。揭示这个问题意识，既是回到中国社会治理的历史原点，也是理解中国社会治理的逻辑起点。

社会治理在进入国家政治议程后，无一例外都迅速成为学术研究的热点。查询中国知网等数据库可知，“社会管理”和“社会治理”这两个概念早在20世纪八九十年代即已在学术文献中出现，并在中央文件使用之前已经得到比较普遍的使用。易言之，在被提上国家政治议程之前，社会管理和社会治理作为学术研究议程已经萌芽。不过，在当时，这些研究在兴趣上是漫散的，概念的使用也有较大的随意性。而随着国家政治议程的推出，相关学术研究的兴趣很快集中到党和国家关心的内容上来，即使“社会管理”“社会治理”这两个概念早已有之，在中央文件赋予其特定含义之后，学界的使用也相应有所调整。

随之也产生了另外两种倾向：一种是简单地跟随国家政策议题，缺乏一般性的理论概括。这在前文已经指出，不赘述。另一种则反之，是脱离中国的历史、现实和国家政治议程，纯粹从概念出发进行理论演绎。一个突出的表现是，颇多论者基于中文“治理”与英文“governance”在语义上的对应关系，动辄引用西方相关理论作为观察中国社会治理的分析框架甚至价值标准，俨然中国的社会治理议程是源于西方的governance理论一样。事实上，“治理”是一个富有中国政治和文化底蕴的本土概念，不仅常见于古代典籍，中国共产党也多有使用。据述，在西方，“governance”作为一个概念是1990年代初才崭露头角，然后被一些学者引入中国的[①]。但中国早在1980年代即已推出社会治安“综合治理”[②]和“治理经济环境”[③]等全国性政策，在国家的理念和文件中，“治理”从来就不是什么新词汇；后来提出的“社会治理”，不过是在此前诸多“治理”基础上的进一步发展而已。在此过程中，党和国家自然会参考和借鉴国内外学术研究成果，但并不是西方的governance概念和理论的简单翻版。

总之，社会治理是党和国家基于中国现实和历史的考量而提出的一项政治议程。因此，在思考当代中国社会治理的主题时，可以参考但没有必要去附会西方的governance。党和国家作为社会治理议程的推动者，其理念、概念和实践都是学术研究不该绕开也绕不开的社会事实，因而必须严肃对待。正是基于这一认识，本书才把考察中国社会治理主题的关键放在揭示社会治理议程背后的“问题意识”上，通过回到历史原点，重新确定逻辑起点。

治国理政的问题意识来自对时代主题的认知。“只有立足于时代去解决特定的时代问题，才能推动这个时代的社会进步”[④]。那么，中国社会治理议程背后的问题意识是什么呢？在这个问题上，最明确的回答莫过于习近平总书记的表述：一切为了中华民族的伟大复兴。他说，实现民族复兴是中华民族近代以来最伟大的梦想，这个梦想“凝聚了几代中国

---

① 王绍光对西方“治理”研究的兴衰涨落及其在中国的流布做了很好的梳理（王绍光．治理研究：正本清源．开放时代，2018（2））。

② 中共中央文献研究室．三中全会以来重要文献选编：下．北京：人民出版社，1982：1095.

③ 中共中央文献研究室．十三大以来重要文献选编：上．北京：人民出版社，1991：287.

④ 习近平．之江新语．杭州：浙江人民出版社，2007：235.

人的夙愿，体现了中华民族和中国人民的整体利益，是每一个中华儿女的共同期盼”[①]。“我们的责任，就是要团结带领全党全国各族人民，接过历史的接力棒，继续为实现中华民族伟大复兴而努力奋斗，使中华民族更加坚强有力地自立于世界民族之林，为人类作出新的更大的贡献。”[②] 这些论述明确把实现中华民族伟大复兴作为当今中国思考一切问题、部署一切工作的出发点、落脚点和制高点。

事实上，历任党和国家领导人都把加快推进现代化、实现中华民族伟大复兴作为全国人民的根本利益和共同理想，因而是当今中国最大的政治和最高的目标。邓小平指出：“我们当前以及今后相当长一个历史时期的主要任务是什么？一句话，就是搞现代化建设。能否实现四个现代化，决定着我们国家的命运、民族的命运……社会主义现代化建设是我们当前最大的政治，因为它代表着人民的最大的利益、最根本的利益。”[③] 江泽民也强调：“集中力量把经济搞上去，实现中国的现代化，本身就是最大的政治。”[④] 可见，在党和国家领导人那里，加快推进现代化、实现中华民族伟大复兴的理念是一以贯之的，已经凝结为一种不会因为领导人更替而改变的国家意识形态，习近平总书记只不过讲得更频繁一些、更系统一些。

显然，这就是统率当今中国一切政治擘画和实践的问题意识，党和国家的一切政治议程都是在这一问题意识的支配下形成和展开的，经济、政治、文化、生态文明等建设是这样，社会建设和社会治理也是这样。

---

① 中共中央文献研究室．习近平总书记重要讲话文章选编．北京：中央文献出版社，党建读物出版社，2016：19.

② 习近平．习近平谈治国理政：第 1 卷．2 版．北京：外文出版社，2018：4.

③ 邓小平．邓小平文选：第 2 卷．2 版．北京：人民出版社，1994：162－163.

④ 中共中央文献研究室．十四大以来重要文献选编：中．北京：中央文献出版社，2002：1744.

应该说，这样一种问题意识深刻而精准地抓住了近代以来世界历史浪潮的主题和脉搏，以及中国在其中的境遇、选择和出路。众所周知，自18世纪英国工业革命以来，现代化渐成不可遏止的世界潮流，世界各国不管以什么方式最终都会加入这一潮流，且不可避免地把实现现代化作为本国的最高政治目标①。中国是从鸦片战争开始卷入世界现代化潮流的，此后长期饱受西方侵凌，处于落后挨打的状态。从那时起，全力推进现代化进程以拯救民族于危亡、复兴民族于世界就成为中国社会的主题。

这样一个主题始终作为历史最强音，深刻地塑造着近代以来中国社会的选择和面貌。这一历史脉络决定了，只有从实现中华民族伟大复兴这个问题意识出发，才能从纷繁芜杂的历史表象中获得对包括社会治理在内的“中国问题”的正解，而一旦脱离中华民族自近代以来的命运和现代化进程去讨论当代中国的种种问题，就容易陷于狭隘、幼稚或迷茫。如果从实现中华民族伟大复兴的历史高度去俯瞰当代中国的社会治理，就会发现，尽管社会治理的具体内容林林总总，但归根到底，都是为了应对伴随现代化进程而来的转型悖论。有效应对转型悖论，是当代中国社会治理的主题。

二、转型悖论作为中国社会治理的主题

如前所述，所谓“转型悖论”，是指现代化过程中发展与秩序的矛盾。显然，转型悖论既不是单纯的发展问题，也不是单纯的秩序问题，而是一个怎样协调发展与秩序这两种基本社会需求，避免顾此失彼或两败俱伤的

---

① APTER D E. The politics of modernization. Chicago：London University of Chicago Press，1965.

问题。所谓发展，说到底是个生产力问题；所谓秩序，说到底是个生产关系问题。因此，转型悖论本质上是生产力与生产关系之间的矛盾，是该矛盾在现代化尤其是赶超型现代化条件下的特殊表现。

任何社会都存在生产力与生产关系的矛盾。在这个意义上，转型悖论不可能彻底消除。任何社会都是在矛盾中发展的，因此并不可怕。关键是如何应对。如果应对得宜，发展与秩序的张力就会变为动力，促进经济和社会更快更好地发展；如果应对失当，转型悖论就有可能转变为“转型困境”，表现为发展停滞或秩序紊乱。当前中国高度警惕的“中等收入陷阱”，本质上就是一种典型的转型困境。所谓“中等收入陷阱”，简单地说，就是经济收入达到中等发达国家水平，社会却发生了严重的分化和对立，以致社会秩序难以保持，甚至陷入动乱。

对当代中国来说，社会治理的中心任务就是紧紧盯住转型悖论，通过机敏而稳健的改革，着力实现发展与秩序的动态平衡和良性循环，一方面避免出现颠覆性错误，另一方面不断增强国家治理体系的包容性、适应性和柔韧性，提高应对各种社会矛盾的综合能力，构建一个既充满活力又和谐有序的有机社会。这，就是当代中国社会治理的主题。当前中央文件反复强调的教育、就业、收入分配、社会保障、医疗卫生、社会安定、国家安全等社会治理内容，只不过是转型悖论在当今中国最直接、最现实、最尖锐的表现，因而被放在特别突出的位置。但需要指出的是，社会治理的具体内容并不必然或总是限于上面列举的七个方面。

原因在于，随着经济和社会发展的阶段不同，转型悖论的具体表现也就不同，从而社会治理的具体内容会不断变化。比如，随着全球化进程的不断加深和中国综合国力的不断增强，中国很可能成为全球移民的目的国，相应地，种族问题就有可能成为中国社会治理需要面对的一个重大问题。更进一步，即使在同一历史时期，转型悖论在不同地区和领域也可能有着不同的表现，工作的具体内容从而存在差异。这也是为什么本书竭力主张跳出社会治理的具体内容，而致力于社会治理的主题的原因所在。因为只有抓住主题，才能抓住关键，在实际工作中才能从容应对形势变幻，避免僵化和迟钝。

现在有一种观点，动辄将社会问题与政治体制相联系，似乎中国的一切社会问题都是由政治体制造成的。为了证明这一点，许多人又将中国与西方对照，似乎西方就不曾面临转型悖论。事实上，包括西方在内，任何社会在现代化过程中都会经历转型悖论。社会学作为一门学科的诞生，就是对西方现代化过程的反应。孔德在创立社会学时，明确把这门学科的研究主题定义为“进步”和“秩序”[①]。“进步”和“秩序”其实也就是现在说的“发展”和“秩序”。孔德在把社会学的研究主题确定为“进步”和“秩序”时，显然是觉察到当时西方在这两个问题上面临的抉择和纠结，而本书“转型悖论”的提出也受到孔德的启发。至于发展中国家，更是深受转型悖论的困扰。正如下文将要指出的，美国政治学家亨廷顿专门讨论发展中国家现代化困境的名著《变化社会中的政治秩序》，虽然没有使用“转型悖论”这个概念，但实际讨论的就是这个问题。亨廷顿发现，绝大多数发展中国家在处理发展与秩序的关系时，都表现得比较失败[②]。

总而言之，实现中华民族伟大复兴的问题意识决定了当代中国社会治

---

① 孔德．论实证精神．黄建华，译．北京：商务印书馆，1996：前言 2.

② HUNTINGTON S P. Political order in changing societies. New Haven，London：Yale University Press，1968.

理的主题，即，机敏地处理现代化进程中发展与秩序的张力，克服转型悖论可能引发的转型困境，构建一个既和谐有序而又充满活力的社会。下文将指出，吸取历史的经验和教训，党和国家已经认识到转型悖论，并且高度重视转型悖论可能引发的转型困境。但任何问题的解决都不是一蹴而就的。特别是，中国实现中华民族伟大复兴的任务仍然十分艰巨，这决定了在相当长的时间内，发展依然是第一要务，改革仍须不断深入。改革和发展在不断解决旧问题的同时，也会不断形成新问题。因此，任何在短期内消除转型悖论的期望都是不现实的。

三、当代中国社会治理的历史轨迹

任何国家在现代化过程中都会面对转型悖论，但由于多种原因，不同国家或同一国家在不同时期对转型悖论的反应却是有差别的。同样，当代中国对社会治理主题的认识和实践也经历了一个从模糊到清晰、从理念到议程、从运动到治理的演变过程。这一过程可以看作社会治理主题在不同历史时期的变奏。了解这一历史变奏，有利于更深刻地把握当代中国社会治理的主题。

如前所述，鸦片战争开启了中国的现代化进程。然而，此后相当长的时间内，在救亡图存的巨大压力下，整个中华民族的重心都放在争取民族独立、重建政治和社会秩序上，发展问题只能先搁置一边。直到 1949 年中华人民共和国成立以后，秩序问题才算告一段落，发展问题则被提到空前突出的位置上。新中国成立之初，尽管事实上需要面对如何平衡发展与秩序的难题，但党和国家对转型悖论还缺乏足够清醒的认识。一个典型的表现是，基于对新生社会主义制度的高度自信，党和国家有意无意地认为秩序问题已经完全解决，唯一的问题是发展，因而在推进社会主义改造等方面较为急躁，没有认识到即使新生的社会主义制度，仍然存在一个不断调整、不断完善，以保持良好的社会秩序的问题。

果然，1950年代中期，正当社会主义改造完成、国家信心十足地准备“向自然界开战，发展我们的经济，发展我们的文化”[①] 的时候，包括中国在内的社会主义国家普遍发生了罢工、罢课、罢市等政治风波。这一次经历，使党和国家对社会主义制度的认识产生了一个巨大的飞跃，那就是：社会主义社会仍然存在矛盾，矛盾仍然是社会主义社会发展的基本动力。而在此之前，社会主义国家普遍认为社会主义制度是完美的，不相信或不承认社会主义社会仍然存在矛盾[②]。换句话说，经过此番政治考验，党和国家认识到社会主义制度也有一个秩序问题，如果只顾发展而不能正确地处理各种矛盾，也会出乱子。

然而，直到改革开放前，党和国家对转型悖论即发展与秩序的张力，虽然有着大量而直接的感受，甚至是极为深刻的教训，但在认识上始终不够清晰和自觉。因此，不仅没有将社会治理提上政治议程，而且实际应对也总是进退失据：一是施政重点经常在发展与秩序之间来回大幅振荡。二是无论处理发展问题还是秩序问题，都喜欢搞群众运动。比如，为了发展，曾经不顾一切搞“大跃进”，企图在短时间内“超英赶美”。当然，在更多的时间里是“以阶级斗争为纲”，错误地把维护“左”的政治秩序放在第一位。

1978年党的十一届三中全会以后，党和国家将工作重心从阶级斗争转

① 中共中央文献研究室．毛泽东文集：第7卷．北京：人民出版社，1999：216.

② 冯仕政．人民政治逻辑与社会冲突治理：两类矛盾学说的历史实践．学海，2014（3）.

向经济建设，大规模的群众运动也基本退出历史舞台。在新的路线指引下，中国的经济和社会都得到了长足的发展，与此同时，毋庸讳言，发展与秩序的矛盾也越来越尖锐。但在一段时间内，党和国家并未太注意这个问题，以为只要发展了，秩序自然不是问题，因此仍然没有把社会治理提上重要议事日程。1993 年，邓小平曾在一次谈话中反思道："十二亿人口怎样实现富裕，富裕起来以后财富怎样分配，这都是大问题。题目已经出来了，解决这个问题比解决发展起来的问题还难……过去我们讲先发展起来。现在看，发展起来以后的问题不比不发展时少。"① 这表明，连邓小平这样卓越的领导人也是后来才认识到发展与秩序并不是同一回事，两者之间存在严重的张力。

然而，随着现代化进程的快速推进，发展与秩序的矛盾暴露得越来越充分，集中表现便是 1980 年代末那场严重的政治风波。在现实的洗礼下，党和国家对转型悖论的认识不断加深。正是在应对那场政治风波的过程中，邓小平提出了"稳定压倒一切"的口号；紧接着，为了解决政治风波引起的严峻的发展问题，1992 年他又在南方谈话中提出了"发展才是硬道理"的口号。显然，这两句口号意味着要把发展和稳定摆在同等重要的位置，实际上揭示了发展与秩序之间的张力，表明党中央对转型悖论终于有了清晰的认识。从此以后，正确处理发展与秩序的张力、平衡发展与秩序的关系，就成为贯穿中国社会治理的一个重要理念。

1995 年，江泽民提出，在推进现代化建设过程中必须处理好十二大关系，首先一个便是"改革、发展、稳定的关系"："实践表明，三者关系处

---

① 中共中央文献研究室．邓小平年谱（1975—1997）：下．北京：中央文献出版社，2004：1364.

理得当，就能总揽全局，保证经济社会顺利发展；处理不当，就会吃苦头，付出代价。”① 2012 年，习近平总书记在主持中共中央政治局集体学习时指出：“稳定是改革发展的前提，必须坚持改革发展稳定的统一……要坚持把改革的力度、发展的速度和社会可承受的程度统一起来，把改善人民生活作为正确处理改革发展稳定关系的结合点。”② 2015 年，他又指出：“过去，我们常常以为，一些矛盾和问题是由于经济发展水平低、老百姓收入少造成的，等经济发展水平提高了、老百姓生活好起来了，社会矛盾和问题就会减少。现在看来，不发展有不发展的问题，发展起来有发展起来的问题，而发展起来后出现的问题并不比发展起来前少，甚至更多更复杂了。新形势下，如果利益关系协调不好、各种矛盾处理不好，就会导致问题激化，严重的就会影响发展进程。”③

随着改革步入深水区，发展与秩序的张力也表现得越来越突出，统筹改革、发展、稳定三者关系的理念于是进一步系统化和制度化，最终上升为专门的国家政治议程。具体过程前已详述，此处不赘。这里需要特别指出的是，中国社会治理的主题是处理发展与秩序的关系这一观点，以前在中央文件中虽然有所体现，但明确点题的时候并不多，而近年来，有关论述越来越明确。

2014 年，习近平总书记曾经强调，社会治理“要处理好活力和秩序的关系，坚持系统治理、依法治理、综合治理、源头治理，发动全社会一起来做好维护社会稳定工作”④。2014 年，他又指出：“社会治理是一门科

① 江泽民．江泽民文选：第 1 卷．北京：人民出版社，2006：460－461.
② 习近平．习近平谈治国理政：第 1 卷．2 版．北京：外文出版社，2018：68.
③ 习近平．习近平谈治国理政：第 2 卷．北京：外文出版社，2017：81－82.
④ 习近平．习近平谈治国理政：第 1 卷．2 版．北京：外文出版社，2018：148.

学，管得太死，一潭死水不行；管得太松，波涛汹涌也不行。要讲究辩证法，处理好活力和秩序的关系，全面看待社会稳定形势，准确把握维护社会稳定工作”[①]。2019 年 10 月召开的党的十九届四中全会明确提出社会治理是国家治理的重要组成部分，而中央关于此次会议决定的权威辅导读本也明确指出，社会治理必须“坚持把活力和秩序统一作为根本目标”[②]。“活力与秩序”与本书讲的“发展与秩序”虽然措辞略有不同，但本质是完全一致的。

2020 年 10 月，党的十九届五中全会首次把统筹发展和安全写入会议决议，将其作为今后一个时期我国经济社会发展的重要指导思想[③]。这一理念在党的二十大上再次得到确认和强调。这集中表现在，二十大报告将以往同教育、收入分配、就业、社会保障、公共健康等内容放在社会治理板块一起写的社会安定和国家安全两部分内容独立出来，单列一节，即第十一节“推进国家安全体系和能力现代化，坚决维护国家安全和社会稳定”。在指导思想上从多年来一直强调统筹发展与稳定、活力与秩序，转而强调统筹发展与安全，是中国在社会治理领域发生的一次最新的重大变化。

针对这一变化，人们可能会问：“发展与安全”同“发展与秩序”是什么关系？“统筹发展和安全”的提法，是不是意味着否定了中国社会治理的主题是发展与秩序的矛盾这一判断？对此，可以明确地回答说：“发

① 中共中央文献研究室．习近平关于社会主义社会建设论述摘编．北京：中央文献出版社，2017：125－126.

② 本书编写组．关于《坚持和完善中国特色社会主义制度、推进国家治理体系和治理能力现代化若干重大问题的决定》辅导读本．北京：人民出版社，2019：86.

③ 中共中央关于制定国民经济和社会发展第十四个五年规划和二〇三五年远景目标的建议．北京：人民出版社，2020.

展与安全”只是“发展与秩序”在新的历史条件下的变奏，“统筹发展和安全”的提法非但没有否定，反而是再次证明了发展与秩序的矛盾是中国社会治理的主题。从逻辑上说，安全即是秩序，是最基本、最起码的秩序，一切秩序的建立首先从维护安全开始。在这个意义上，安全只是秩序在特定条件下的表现，对安全的强调并不构成对秩序的否定，而只是为了突出秩序的某个或某些侧面。那么，从秩序到安全，这个“变奏”表现在何处？又是什么原因造成的呢？

“变奏”主要表现在两点：一是“安全”更倾向于描述秩序在形成及维护过程中对立和冲突的一面，因而比“秩序”一词蕴含着更为鲜明的冲突论色彩。相应地，二是更多地注意到中国和西方在国际秩序问题上的分歧和斗争，从而比“秩序”一词具有更为广阔的全球视野。或者简单地说，“发展与安全”实际上是从冲突和全球角度来观察社会治理问题，是“发展与秩序”这一社会治理的主题朝着更加注重斗争、更加放眼全球的方向调整。而造成这一调整的原因，则是随着中国式现代化的顺利推进，国内和国际形势所发生的深刻变化。就国内而言，发展不充分的问题依然突出，但发展不平衡的问题日益凸显；就国际而言，随着“东升西降”的相对变化，西方开始加强对中国的打压和围堵。这两个方面形成的压力，都指向同一个方向，即中国式现代化在安全方面面临的挑战越来越严峻，迫使国家在应对发展与秩序的矛盾时不得不更多地向安全方面倾斜。

在党的十九届五中全会上，习近平总书记在就“统筹发展和安全”的问题进行说明时指出：“我们越来越深刻地认识到，安全是发展的前提，发展是安全的保障。当前和今后一个时期是我国各类矛盾和风险易发期，各种可以预见和难以预见的风险因素明显增多。我们必须坚持统筹发展和安全，增强机遇意识和风险意识，树立底线思维，把困难估计得更充分一些，把风险思考得更深入一些，注重堵漏洞、强弱项，下好先手棋、打好主动仗，有效防范化解各类风险挑战，确保社会主义现代化事业顺利推进。”① 党的二十大报告也指出：“我国发展进入战略机遇和风险挑战并存、不确定难预料因素增多的时期，各种‘黑天鹅’、‘灰犀牛’事件随时可能发生。我们必须增强忧患意识，坚持底线思维，做到居安思危、未雨绸缪，准备经受风高浪急甚至惊涛骇浪的重大考验。”② 这些论述都清晰地表明了“发展与秩序”和“发展与安全”之间的关系，以及造成这一变奏的社会历史原因。

四、从社会运动、社会管理到社会治理

在党和国家对转型悖论的认识逐渐清晰，从而对社会治理越来越重视的同时，中国的社会治理模式也经历了一个从群众运动到社会管理，再从社会管理到社会治理的变奏。这一转变意味着，党和国家渐次放弃过去那种片面强调政治性和斗争性的暴风骤雨式的社会治理方式，转而追求用专业化的、科学化的、制度化的社会治理，看重长期而不只是眼前效果。最初，无论发展问题还是秩序问题，党和国家都喜欢以群众运动的方式处理。这样一种社会治理方式不仅劳民伤财，甚至造成“文革”这样长期的、严重的错误，引起群众的极大反感：“人民需要一个安定团结的政治

① 中共中央关于制定国民经济和社会发展第十四个五年规划和二〇三五年远景目标的建议．北京：人民出版社，2020：55－56.

② 习近平．高举中国特色社会主义伟大旗帜 为全面建设社会主义现代化国家而团结奋斗．北京：人民出版社，2022：26.

局面……经常搞运动，实际上就安不下心来搞建设。”[①] 经过摸索，党和国家提出了“社会管理”的概念。

从应对转型悖论的角度来看，社会管理相对于群众运动显然是一个巨大的进步，但这个概念本身仍然予人一种国家居高临下指挥社会的感觉，并且暗示社会治理过程是斗争性、控制性和选择性的，而不是合作性、参与性和包容性的。因此，党的十八届三中全会进而用“社会治理”取代“社会管理”。这一概念上的变化并非玩无聊的文字游戏，背后其实是关于权力的属性、功能和运作方式，以及国家与社会之间关系的重新理解。

在“社会治理”概念中，首先，斗争性并不是权力的唯一属性，除斗争性之外，权力也可以是合作性的，即人与人之间即使是共同认可的合作也有一个谁指挥谁、谁服从谁的问题。如果缺乏清晰的指挥关系，资源就难以统合，合作就没有效率以至失败。其次，既然即使合作也需要权力，权力就不能只用于斗争，而是也可以用于合作。这样，对权力的功能就有了新的认识。最后，既然权力可以用于合作，那么权力的运作过程就不必然是排斥性的，而也可以是包容性的，可以把一切有利于合作、有利于生产的要素都包容进来。显然，基于这样一种权力观念而来的“社会治理”观念，比“社会管理”更有利于促进社会参与，推动社会合作，更有利于统合一切可以利用的生产要素、吸收一切可以吸收的力量，从而提高社会治理的效率和效益。

从“社会管理”到“社会治理”，尽管只有一字之差，但从历史长河中去审视，就可以发现，这一字之差背后的观念变革具有不同凡响的历史

---

① 邓小平．邓小平文选：第2卷．2版．北京：人民出版社，1994：349.

意义。早在1957年，毛泽东在《关于正确处理人民内部矛盾的问题》的讲话中就指出，由于长期的革命斗争经历，许多干部仍然习惯于用专政手段处理各种社会矛盾，而随着人民内部矛盾取代敌我矛盾成为社会矛盾的主要表现形式，迫切需要广大干部转变思维和作风，尽快学会使用新的矛盾处理方式。然而，此后全党，包括毛泽东本人，依然长期陷在“以阶级斗争为纲”的思维里。改革开放后，尽管党和国家明确放弃了“以阶级斗争为纲”的政策，但在计划体制下长期养成的不相信社会、凡事喜欢国家包办和单干的倾向仍在一定范围内存在。“社会管理”概念就带有这样一种痕迹。

如果说在以前，单纯社会管理的思路尚可应付社会形势的话，那么，在当前经济体制深刻变革、社会结构深刻变动、利益格局深刻调整、思想观念深刻变化的态势下，这种思路就难以为继了。而“社会治理”概念所突出的治理，不仅意味着彻底摒弃“以阶级斗争为纲”的社会治理思路，而且意味着希望彻底放弃基于计划体制而来的国家包办单干的思路，更加符合社会主义市场经济和改革开放的需要，更有利于推动新形势下的社会治理。比这更重要的是，中央不仅提出了“社会治理”这样一个概念，而且将社会治理作为国家治理体系和治理能力现代化的重要内容。“国家治理体系和治理能力现代化”的提出，表明党和国家对经济、政治和社会发展规律有了新的更深刻的认识。

社会治理与国家治理是两个相对独立而又紧密联系的方面。一方面，所谓“国家治理”，是指对国家事务的运作，其内容包含但不限于社会治理；除社会治理而外，国家内部事务的建立、健全和管理，也是国家治理的内容之一。而“社会治理”，是指对社会的治理，或者简单地说，“社会治理”就是“治理社会”。然而，尽管社会治理也是国家治理的“业务”之一，但治理社会的主体包括而不限于国家，国家之外的力量，比如企业、社团等，也可以参与社会治理。由是观之，国家治理与社会治理在活动内容、行动主体等方面都多有重叠之处，但并不完全等同，也不存在简单的换算关系。在这个意义上，社会治理与国家治理是相对独立的。

但另一方面，社会治理与国家治理又是紧密相关的。根据马克思主义的理论，国家是阶级斗争的产物，是阶级统治的工具。然而，无论其阶级性质如何，也无论其主观意愿和认识如何，从古至今，任何国家都必须承担社会治理职责。因为，相互冲突的阶级为了“不致在无谓的斗争中把自己和社会消灭，就需要有一种表面上凌驾于社会之上的力量，这种力量应当缓和冲突，把冲突保持在‘秩序’的范围以内；这种从社会中产生但又自居于社会之上并且日益同社会相异化的力量，就是国家”[①]。在这里，所谓“缓和冲突，把冲突保持在‘秩序’的范围以内”，就是社会治理。也就是说，即使只为了阶级统治，国家也必须履行社会治理的职能。

更何况，整个社会的权力前所未有地集中于国家、国家的公共权力前所未有地扩张，是现代化过程的基本特征，举世皆然。因此，在任何现代社会中，国家都是调整社会关系、维护社会秩序、保障公共安全的中心力量。这样一来，国家治理与社会治理的关系就更加紧密：一方面，社会治理在国家治理活动中所占的份额越来越大，地位越来越突出；另一方面，国家对社会治理的影响越来越广泛，角色越来越显赫。

① 中共中央编译局．马克思恩格斯选集：第4卷．3版．北京：人民出版社，2012：187.

第四章

社会治理的中国道路

社会治理是国家治理的重要方面，社会治理现代化是国家治理体系和治理能力现代化的题中应有之义。对于推进社会治理现代化，全社会有广泛共识，但对于怎样实现社会治理现代化，在学术上则有争论。毫无疑问，中国推进社会治理现代化，首先要立足中国实际，其次要发挥中国智慧，最终要解决中国问题。这就有一个怎样理解、坚持和发展中国道路的问题。那么，中国在社会治理过程中走过了一条什么样的道路？这条道路是怎样形成的？在实践中面临什么样的挑战？当前推进社会现代化的抓手是什么？本章试图回答这些问题。

一、道路问题：思想方法与分析框架

谁都不能否认，社会治理是一门科学。因此，要理解中国的社会治理，首先有一个思想方法和分析框架问题。关于社会治理，过去多年来，中国确实形成了一套独特的模式。这一套模式，一方面，从理想的角度来看，显然还不够成熟和完善，否则中央也不会提出“国家治理体系和治理能力现代化”的命题，在这个意义上，称之为“道路”似乎有些勉强。但另一方面，这一套模式自有其相对系统的、一以贯之的理论和实践，并且持续的时间足够长、国内外影响足够大，在这个意义上，称之为“道路”也未尝不可。关于中国道路，坊间充斥着大量似是而非的言论。其中特别引人注目的是，无论在舆论场还是在学术界，都流行着一种可以称为“政治浪漫主义”的思维。这样一种思维的基本特征，是忽视中国基于历史脉络和现实条件而来的时代呼唤，忽视历史和政治进程的条件性、复杂性和曲折性，喜欢从一些抽象的理论概念或价值情怀出发，把社会历史逻辑简单化、极端化。具体表现在：

一是偏爱从道德人心去诊断和求解社会问题。即把所有社会问题的形成和解决都归结为道德人心，以为只要解决了道德人心问题，一切社会问题都迎刃而解，而未注意到社会发展除了需要理想、情怀和远方，还受到不以人的意志为转移的物质条件和历史条件的约束。而不同国家在物质及历史条件方面的禀赋和积累是千差万别的，这决定了所有社会不可能按照同一个模式去发展。后面在讲不同国家的现代化境遇与道路选择的关系时，会更深入地阐述这一点。

二是相信有可以解决任何社会问题的万灵药方。在很多人眼中，西方某些体制就是这样一种包治百病的万灵药方。基于这样一种想象，他们进而把这些体制无限美化。相应地，中国所有问题都是内部的问题，是自己把事情搞砸了，是自作自受，而忽视全球政治、经济和文化体系长期由西方主导并存在严重的不平等，中国在其中长期处于不利地位的历史和现实。

三是企图一劳永逸地解决所有问题。似乎只要搞出一个“好的制度”，从此就可以高枕无忧，一切都可以兵来将挡、水来土掩。事实上，人都是有限理性的，其思维和视野受着文化传统、经济基础、时代风气等多方面因素的限制，不可能“早就看穿一切”。相应地，人类社会的制度安排总是在试错中不断修补和完善的。企图一劳永逸地解决问题，不仅脱离实际，而且会欲速则不达，造成新的更大的损失。

政治浪漫主义思维显然是缺乏科学素养的表现，不管用心如何，后果都是危险的。那么，究竟应当怎样看待中国道路，从而更好地推进社会治理现代化呢？很重要的一点是必须弘扬科学精神。一个民族和国家，不能没有价值追求和情怀，否则将陷入完全的机会主义和实用主义，在治理上是不可持续的。但同时也要认识到，社会发展是有规律的，规律是不以人的意志为转移的。如果缺乏科学精神，不尊重客观规律，再好的愿望也可能走向反面。

必须指出的是，科学精神不同于科学主义。科学精神的核心是实事求是，强调尊重客观规律，包括社会历史规律。在科学精神的指引下，人们对一切问题的态度是谦虚的、答案是开放的，随时准备修正自己的错误。而科学主义却认为一切社会问题都只是技术问题，都可以用技术去解决，在价值目标上不容争辩，这实际上是在否认不同人群存在价值差异的必然性，以及容忍这种价值差异的必要性。这就容易导致强权主义，即一群自认为掌握了绝对真理的人把自己的价值以科学的名义强加给另外一群人。在这个意义上，科学主义与强权主义是相通的。因此，这里提倡的是科学精神，而不是科学主义。

基于科学精神，对社会问题的理解就必须具有历史的意识和眼光。因为任何社会事物和事实都是在特定的历史条件下形成和发展的，如果不实事求是地、周密地考察历史，得出的结论往往是片面的。如果贯彻这一观点，那就需要从世界历史的高度来看待中国道路和社会治理问题，将其置于世界现代化的历史进程中去讨论。原因在于：第一，现代化是不可抗拒的世界潮流，任何国家和民族都会主动或被动地卷入这个浪潮。从国内来看，现代化也是当前中华民族的最高目标和最大共识，不同阶层和人群不管存在什么样的分歧，在追求现代化这个问题上都是高度一致的，因而可以将其作为凝聚全民共识的最大公约数和讨论中国道路问题的逻辑起点。第二，不管愿意与否，中国始终是在西方主导的世界体系中去追求现代化的，这是历史造成的，是不以人的意志为转移的，因此中国必须把自己放进世界历史中去考察，不可能一厢情愿地、闭门造车地谈论现代化。第三，当前中国社会治理面临的大量问题，都与中国自近代以来的现代化进程密切相关。许多问题虽然表现在当下，但仔细追究起来，都是有历史前因的；脱离历史，当下的许多问题讲不清楚。

而从实际的历史进程来看，中国共产党一直自觉地把努力推动现代化进程、实现中华民族伟大复兴作为统率一切政治思考和实践的出发点、落脚点和制高点。换句话说，对中国道路不管是弹是赞，它是世界和中国现代化进程的产物，这是一个历史的事实，在理论上是无法回避的。因此，必须从世界历史的高度来把握中国道路和社会治理问题，方能得到正解。

从上述思想方法出发，就可以构造一个讨论中国社会治理的基本分析框架。如图 4－1 所示，整个分析框架从小到大分为三个圈层。其中，第 1 个圈层“社会治理”意思是说，所谓社会治理现代化，展开来说，不外是要解决什么问题、完成什么任务、达到什么目标、采取什么对策的问题，归结起来就是八个字：问题、任务、目标、对策；第 2 个圈层“中国道路”，表示必须将社会治理问题放入中国道路形成和演变的背景中去考察，其中的关键是揭示这一进程中历史与现实的联系和张力；最后，第 3 个圈层“世界现代化”则表示，对于中国道路的问题，还需要进一步将其置于世界现代化进程的历史长河中去考察，这自然会涉及中国与西方在此过程中复杂的历史纠葛。

本章试图通过这三个圈层的有机结合，去揭示中国社会治理道路的形成和演变、实践中的成就与挑战，以及当前推进社会治理现代化的重要抓手。

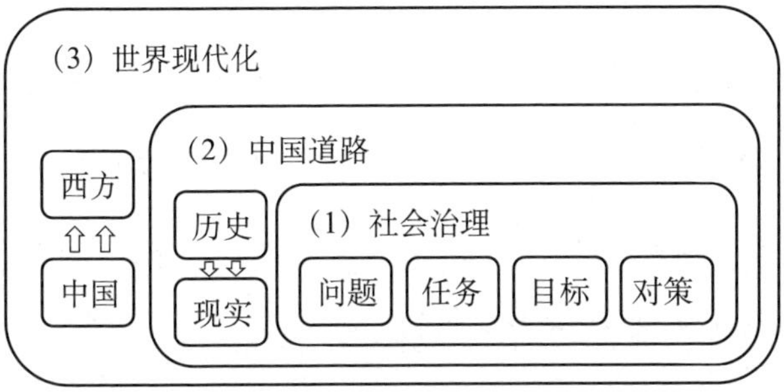

图 4-1　关于中国社会治理问题的分析框架

二、中国现代化道路与动员体制

基于上述分析框架，首先来看中国道路与世界现代化浪潮的关系。关于中国道路的基本特征，理论上有许多概括和争论[①]。本书认为，中国道路的基本特征可以简单地从目标和手段两个方面来描述。从目标来说，中国道路的基本特征是追求赶超型发展；而从手段来说，则是在整个社会的组织模式上采取动员体制。合起来，中国道路的基本特征就是：采取动员体制以推进赶超型发展。

这里涉及两个关键词：一个是“赶超型发展”，一个是“动员体制”。“赶超型发展”很直观，顾名思义，就是希望以更快的速度向前发展，以便尽早赶上并超过西方[②]。而“动员体制”相对来说则需要费些思量和口

① 王绍光．政体与政道：中西政治分析的异同//胡鞍钢．国情报告［第十四卷 2011 年（下）］．北京：党建读物出版社，社会科学文献出版社，2012.

② 林毅夫，蔡昉，李周．中国的奇迹：发展战略与经济奇迹．上海：上海三联书店，上海人民出版社，1994；王雅林．中国的“赶超型现代化”．社会学研究，1994（1）.

舌。这个概念是美国政治学家艾普特（D. E. Apter）在刻画不同国家的现代化模式时提出来的[①]。相对于流行的“威权主义”等具有浓厚意识形态色彩的说法，这个概念倾向于从功能表现而不是价值主张的角度去界定一种社会体制，比“威权主义”等概念更利于撇开意识形态偏见而科学地揭示不同国家的现代化道路及历史逻辑，故为本书所采用。显然，就理解中国道路而言，“动员体制”比“赶超型发展”更关键。因此，下文关于中国道路的讨论将重点放在“动员体制”上。

中国为什么会走上采取动员体制以推进赶超型发展这一道路？这得从世界现代化浪潮说起。迄今为止，人类社会总共经历了三次现代化浪潮：第一次开始于18世纪后期，这是一个由英国工业革命开始并逐渐向西欧扩散的过程，主要涉及英国、荷兰、葡萄牙、西班牙；第二次是18世纪下半叶到20世纪初，在这次浪潮中，现代化扩展到整个欧洲以及北美和日本，典型国家是日本、德国、美国、俄罗斯；第二次世界大战之后，世界现代化进入第三次浪潮，典型特征是广大亚非拉国家取得了民族独立，然后纷纷高举现代化大旗[②]。显然，中国在世界现代化史上属于第三次浪潮。

表面上看，不同的现代化浪潮只是一个时间上的差异。但从社会学的角度来说，时间的差异意味着一个社会行动者所面临的政治或社会机会结构不同。正因为如此，中国在体制选择上就面临不同的机会和条件，从而走上不同的现代化道路。如果根据现代化发生的早晚把世界上所有国家分

---

① APTER D E. The politics of modernization. Chicago：University of Chicago Press，1965.

② 罗荣渠．现代化新论．北京：北京大学出版社，1993.

成“先发现代化”和“后发现代化”两组，那么，借鉴艾普特的观点[①]，总的来说一个基本的规律是，越是先发现代化的国家，越倾向于采用放任体制；越是后发现代化的国家，则越倾向于采用动员体制。放任体制主要是通过自发的市场和社会行动来推动现代化，而动员体制则主要依靠国家主导的社会改造来推动现代化。

当然，两种现代化类型也不是完全没有关联，而是存在某种相互依赖关系，即那些先发现代化的国家，往往会剥夺和压迫后发现代化的国家，其先发优势不同程度地建立在后发现代化国家的牺牲之上。而后发现代化的国家之所以采取动员体制，也是因为先发现代化的国家已经主导了世界体系，造成一种不平等的全球竞争环境，迫使后发现代化国家不得不做出选择。

为了更好地揭示不同国家的现代化逻辑及相应的道路选择，这里仍然参考艾普特的观点[②]，从理想类型的意义上描述两种体制的差异。如表 4－1 所示，两种体制的差异至少表现为以下五个方面：

表 4－1　世界现代化进程中两种基本组织体制的比较

方面	放任体制	动员体制
目标取向	微弱	强烈
发展战略	高度自发性	高度规划性
主导力量	社会/市场	国家
国家体制	宪政代议	中央集权
政治伦理	个人主义	集体主义

一是目标取向。一般来说，放任体制的目标取向比较弱。因为它主要

① APTER D E. The politics of modernization. Chicago：University of Chicago Press，1965.
② APTER D E. The politics of modernization. Chicago：University of Chicago Press，1965.

是靠市场和社会的力量自发地推进现代化，自然表现出相对分散的特点，缺乏共同的中心和导向。相反，动员体制则往往会有一个非常明确、集中而强烈的目标，目标取向非常突出。

二是发展战略。放任体制下的现代化战略是自发的，组织性比较弱，而动员体制往往采取赶超型发展战略，具有高度规划性。越是后发展国家，越倾向于采取高度规划性的发展战略，比如我国长期实行的“五年规划”“中长期发展纲要”等，即属此类。事实上这并不是中国的特例，日、韩等国也有类似的发展规划，因为它们相对欧美国家而言，也属后发展国家。

三是主导力量。如上所述，放任体制主要依靠市场和社会力量，动员体制则主要依靠国家力量。

四是国家体制。放任体制往往采取宪政代议制，而动员体制通常采取中央集权制。因为在放任体制下，市场和社会力量的声音较大，宪政代议制就是试图反映市场和社会的声音而采取的一种制度安排；而在动员体制下，市场和社会的声音相对微弱，国家的声音较大，所以实行的是中央集权制。

五是政治伦理。放任体制比较强调个体，而动员体制倾向于强调集体。因为放任体制下的主导力量是市场和社会，尊重分散发展，自然会强调个体主义的政治伦理；而动员体制的主导力量是国家，重视抱团发展，所以会强调集体主义的政治伦理。两种伦理都符合各自体制的内在的逻辑。

需要再次强调的是，上面关于两种体制的差别的描述只是理想类型意义上的区分。在现实生活中，许多国家的体制往往是这两种特征的杂合，只不过一种或另一种特征表现得更多一些。

后发现代化国家为什么更倾向于采用动员体制呢？根本原因在于这些国家推进现代化时所面临的世界环境。先发现代化国家在推进现代化之时，世界体系尚未完全形成，国家与国家的竞争比较小，加上当时殖民主义和帝国主义大行其道，因此拥有相当大的自由选择及发展空间。而发展中国家在世界上处于弱势地位，甫一独立即面临强势的甚至压迫性的外部环境。其现代化起步晚、起点低，却又希望以比西方更快的速度向前发展。内外交困之下，唯一的选择就是用国家力量去弥补市场和社会力量的不足。职是之故，第二次世界大战之后新独立的发展中国家普遍倾向于采取动员体制，中国也不例外。

三、中国共产党的道路自觉与道路自信

当然，相对于其他发展中国家，中国的动员体制是最为典型和成功的。这表现在：一是追求赶超型发展的愿望最为强烈；二是国家的规划、组织和实施最为强势和严密；三是国家对社会的改造和动员最为广泛和深入。

这样一条道路是自鸦片战争以来中国历史不断选择的结果。这一过程的起点是西方的侵略。西方的侵略造成严重的、层层加深的社会危机——首先是屡战屡败的军事危机，接着蔓延为经济危机、政治危机、文化危机等等。危机的不断加深，把救亡图存的问题非常严峻地提到了整个民族面前。为了救亡，中国不断自我改造：最初，是想学习西方的先进技术，“中学为体，西学为用”，搞所谓洋务运动；但甲午战争的惨败让国人意识到，单纯进行技术改造是行不通的，还必须进行政治改革，于是有了戊戌

变法，但仍以失败告终；痛定思痛，国人认为必须进行思想革命，于是发起了“新文化运动”。从这个过程可以看出，中国社会的改造是一个从技术到体制再到思想的不断深入的过程。在此过程中，整个社会的权力不断向国家集中，最终形成一个国家高度集权的动员体制。这就是中国特色的动员体制形成的历史逻辑。

要言之，采取动员体制以推进赶超型现代化的中国道路是在世界历史和中国历史的共同作用下逐渐形成的，是历史发展的必然结果。在中国道路的形成过程中，西方扮演了重要角色。因此，对于这条道路，应该用历史的眼光来看待，认识其历史的必然性和合理性，与此同时，批评和反思也不能脱离历史。

每个人都会认真选择自己的人生道路，一个饱经历史磨难的民族自然会更加严肃地对待自身发展的道路。作为中国人民和中华民族的先锋队，作为具有强烈历史使命感的执政党和中国现代化事业的领导核心，中国共产党对道路问题历来有着高度的历史自觉，把道路问题视为生命，视为关系事业兴衰成败的第一位的问题。

习近平总书记指出：“一个国家实行什么样的主义，关键要看这个主义能否解决这个国家面临的历史性课题。”[①] 而历史和现实已经雄辩地证明，“要发展中国、稳定中国，要全面建成小康社会、加快推进社会主义现代化，要实现中华民族伟大复兴，必须坚定不移坚持和发展中国特色社会主义”[②]。既然中国特色社会主义是实现中华民族伟大复兴的必由之路，那么，以助力民族复兴伟业为使命的社会治理自然应该坚持中国特色社会

① 习近平．习近平谈治国理政：第1卷．2版．北京：外文出版社，2018：22.

② 习近平．全面贯彻落实党的十八大精神要突出抓好六个方面工作．求是，2013（1）.

主义道路。确实，社会治理坚持社会主义道路，是由实现中华民族伟大复兴的问题意识和中国现代化进程的历史逻辑所决定的。

如前所述，从世界历史范围来看，人类现代化总共经历了三次浪潮。在这三次浪潮中，中国属于第三次浪潮。也就是说，在世界现代化的历史浪潮中，中国是一个晚到的“迟发展国家”。这样一种历史境遇，是中国现代化进程无法摆脱的初始条件。而这个初始条件又在很大程度上决定了中国现代化的政治逻辑，即：首先，必须实现民族复兴，否则无法摆脱落后和挨打的命运，近代中国备受欺凌的事实已经证明了这一点；其次，必须推行“赶超型现代化”，以比西方更快的速度向前发展，否则就谈不上复兴。

既然是赶超，那么，就不可能依靠市场力量或社会力量的自然演化，而必然高度依赖于一个领导者的组织和动员。谁来组织和动员？谁来担当领导者的角色？非国家莫属。原因很简单：中国作为一个落后国家，内部的社会力量和市场力量不但发育晚、体质弱，甚至不具备足够的现代意识。因此，即使存在全球范围内的平等竞争，它们也无法与西方发达国家的市场力量和社会力量抗衡。更何况，中国是在西方主导的不平等的世界秩序下推行现代化。这两方面条件决定了，中国无法依靠所谓市场力量或社会力量实现现代化，而必须依靠一个强势国家进行动员和组织。

之所以需要一个强势国家，首先是只有强势国家才能捍卫民族的政治和经济独立。自鸦片战争以来，在西方列强的侵凌下，中国的政治和经济独立一直是一个严重的问题。显然，没有政治和经济独立，赶超型现代化和民族复兴只能是空谈。中国作为一个人口和疆域大国，不可能像一些小国那样，通过依附于某个西方大国，走依附型现代化的道路。经过人民和历史的选择，中国共产党因为成功地解决了民族独立问题而赢得政权，建立了中华人民共和国。以对社会的动员能力而言，中华人民共和国无疑是一个强势国家。不难理解，中华人民共和国作为一个强势国家，本身就是中国现代化进程的产物。时至今日，西方仍然主导着不平等的世界政治经济秩序，中国仍然有捍卫政治和经济独立的压力，仍然需要一个强势国家。

其次是中国需要一个强势国家出面擘画并组织实施现代化蓝图。一方面，如前所述，作为一个落后的迟发展国家，中国内部的市场力量和社会力量弱小，难以担负起领导现代化的重任。另一方面，相对于传统社会的发展模式，现代化是一个资本密集型过程，中国作为一个落后的迟发展国家，资本积累本身已经严重不足，而赶超型现代化对资本积累的要求却又高又急。在这种情况下，必须将有限的资本集中起来，根据形势随时投入到现代化最需要的部门和产业中去。而要集中力量，没有国家显然是做不到的。在市场、社会、国家三者中，只有国家既有这个力量，也有这个政治合法性。经过新中国成立以来70余年的发展，中国的市场力量和社会力量已经有长足的发展，但相对于西方来说，弱势地位并没有根本改观，在日益激烈的全球竞争中，由国家出面组织实施赶超型现代化的需要仍然非常强烈。

要言之，中国在世界现代化浪潮中的历史身份，从根本上决定了中国现代化进程的道路选择，即民族复兴和赶超型现代化的重任内在地要求国家在整个社会中扮演领导角色。在今后相当长一段时间内，中国的这一历史身份不会有根本改变，因此，强势国家仍然是中国推进现代化进程的必要条件，符合赶超现代化的根本需要。这一政治逻辑是一种不以人的意志为转移的历史力量，主导着历史进程。任何个人和团体，不管他们持何种价值和观点，也不管他们愿意还是不愿意，都无法违拗这一历史逻辑。相反，他们所重视的价值或体制都必须接受这一历史逻辑的考验，并由历史决定其去留。

如果一个强势国家是中国现代化进程的历史选择，那么，社会主义道路就是最好的选择。社会主义道路意味着，这个强势国家必须为最广大人民的根本利益服务，否则强势国家就会沦为少数人攫取私人利益的最有力、最便利的工具，走向现代化追求的反面。同样地，如果历史逻辑决定了中国对强势国家的需要，那就必须坚持党的领导，因为只有由一个政治先锋队领导的国家，才可能是一个真正为最广大人民谋福利的，从而是可持续的强势国家。在这个意义上，坚持党的领导是社会主义道路的本质和核心要求，并不是一句仅仅“政治正确”的空话，而是有着充分的理论和历史依据。在长期的革命和建设过程中，中国共产党已经证明自己是一个足以担当民族复兴重任的政党，当前仍在通过“全面从严治党”战略保持和提高党的先进性，不断提高治国理政能力。

总而言之，中国特色社会主义道路“是在改革开放 30 多年的伟大实践中走出来的，是在中华人民共和国成立 60 多年的持续探索中走出来的，是在对近代以来 170 多年中华民族发展历程的深刻总结中走出来的，是在对中华民族 5 000 多年悠久文明的传承中走出来的，具有深厚的历史渊源和广泛的现实基础”①，只有社会主义才能救中国，只有中国特色社会主义才能发展中国，这是历史的结论、人民的选择。作为中国现代化事业的一

① 习近平．习近平谈治国理政：第 1 卷．2 版．北京：外文出版社，2018：39 - 40.

部分，社会治理当然应该坚持社会主义道路和党的领导，只能在党的领导下不断完善社会主义制度，而不是修正或抛弃社会主义道路。

四、动员体制在实践中的困境

如前所述，第二次世界大战后，新独立的第三世界国家普遍采用动员体制，以求实现赶超型发展。而从历史实践来看，第三世界国家在现代化之初的大约 20 年时间里确实取得了辉煌的成绩，但到 1960 年代却纷纷陷入了困境①。围绕这一历史现象，以往主要有三种理论解释：现代化论、依附论和世界体系论。这些理论虽然并不是专门针对中国，但对于理解、反思和完善中国道路无疑具有重要的镜鉴意义。

在上述三种理论解释中，现代化论的基本取向是从发展中国家内部去寻找这些国家陷入困境的原因，包括人口增长过快、专业技术人才匮乏、传统文化与现代文化的价值冲突、权力高度集中所导致的政治腐败、发展不平衡导致的社会整合失败等等②。这样一种理论倾向实际上把现代化困境的形成完全归咎于发展中国家自身，潜在地否认西方国家剥削发展中国家的事实。确实，在现代化论看来，西方国家非但不是剥削者和压迫者，反而是现代理念和技术的输入者；如果没有西方国家的“刺激”，那些发展中国家将永远停留在封闭和落后状态。

与现代化论相反，依附论是从发展中国家外部去寻找这些国家陷入现代化困境的原因。其核心观点是，第二次世界大战后，第三世界国家虽然

---

① HUNTINGTON S P. Political order in changing societies. New Haven，London：Yale University Press，1968.

② 罗兹曼．中国的现代化．国家社会科学基金“比较现代化”课题组，译．南京：江苏人民出版社，1988.

在政治上独立了，但由西方国家主导的不平等的全球政治经济秩序，以及发展中国家相对于西方国家的依附地位并未根本改变。利用这样一种条件，西方国家仍然可以压榨和掠夺发展中国家。这正是第三世界国家的现代化难以持续，并最终陷入困境的根本原因[①]。显然，依附论不但指出西方国家剥削发展中国家的事实，而且对资本主义持全面否定和谴责态度。

而世界体系论则是从世界历史的高度来解读发展中国家面临的困境[②]。该理论认为，在进入现代之前，世界各个部分是相对独立和分割的，而现代化则是一个将原本相对独立和分割的各个地区、国家、族群和文明逐渐整合成相互联系十分紧密的世界体系的过程。然而，世界体系的形成并不是一个四海之内皆兄弟的大团结过程，而是一个不断分化的不平等过程。在此过程中，一些国家上升为中心国家，另一些国家则沦落为边缘国家。那些处于世界体系中心的国家可以通过跨国公司等多种手段对边缘国家进行压榨。发展中国家的困境正是这一世界历史逻辑发展的必然结果。与依附论不同，世界体系论虽然承认西方国家剥削发展中国家的事实，但态度并不像依附论那样激愤。因为在该理论看来，中心国家对边缘国家的剥削虽然不公平，却是不以人的意志为转移的历史规律，西方国家不过是在执行历史的意志而已。

上述三种理论视角为全面理解当前中国的社会治理提供了重要理论参考。首先必须承认，现代化困境的形成有发展中国家内部的原因。现代化论所指出的那些问题在发展中国家或多或少都存在，其中确有不少是由于

---

① 多斯桑托斯．帝国主义与依附．毛金里，白凤森，杨衍永，等译．北京：社会科学文献出版社，1992.

② 沃勒斯坦．现代世界体系：第1卷．尤来寅，等译．北京：高等教育出版社，1998.

发展中国家自己政策失当等原因造成的。然而，把造成这些问题的板子全部打在发展中国家头上，显然也是不公平的。正如依附论所指出的，西方主导下的世界格局，总体上对发展中国家是不公平的。这样一种格局，使发展中国家预防和化解社会矛盾的回旋空间受到极大的限制，甚至为求发展而不得不在一定程度上“自残”。发展中国家的许多社会矛盾就是这样造成或久拖不决的。

基于上述历史事实，发展中国家有理由对西方表示谴责。但比道德激愤更重要的，是发展中国家怎样才能摆脱这样一种困局。在这个问题上，世界体系论的见解很有参考意义，那就是，西方对发展中国家的剥削和压迫在很大程度上是不以人的意志为转移的历史趋势，不是靠简单的道德批判就能扭转的。对发展中国家来说，否认这段历史，就认不清现实，但一味沉浸在历史的悲情中也毫无意义。因此，真正的出路是忍辱负重，利用一切条件和机会发展自己，最终用实力说话。在此过程中，准确地把握历史和现实，从而坚持正确的发展道路就非常关键。

五、动员体制的历史镜鉴

那么，发展中国家在现代化过程中的上述遭遇，对中国道路及社会治理来说有什么镜鉴意义呢？首先一点，是要清醒地认识到，中国与其他发展中国家在世界现代化史上的处境具有很强的相似性，曾经发生在其他发展中国家的困境，同样可能发生在中国。这是因为，发展中国家在现代化过程中之所以陷入困境，一个根本原因是对现代化进程中发展与秩序的矛盾处置失当，而中国道路没有也不可能完全克服这一矛盾。

众所周知，经过第二次世界大战，广大亚非拉地区，包括中国在内的一大批国家，摆脱作为西方殖民地的依附地位，开始独立自主地推动现代化进程。在此过程中，这些国家面临两大基本任务：一是尽速推动经济和社会发展，以避免落后挨打的困境；二是创制既有效能又有合法性的政治权威，以建立良好的社会和政治秩序。这两大任务是相辅相成的，即只有经济和社会不断发展，政治权威才能从根本上赢得合法性，从而从根本上保持社会和政治秩序；反过来，必须建立强有力的政治权威，经济和社会发展才有保障。这要求发展中国家在现代化过程中必须实现发展与秩序的良性循环。然而，从实践来看，能够同时完美实现这两大任务的发展中国家可以说是凤毛麟角。大多数国家要么是发展出现严重问题，要么是秩序出现严重问题，或者是两个方面同时出现严重问题[①]。这就是发展中国家的现代化在 1960 年代以后纷纷陷入困境的原因所在。

其他发展中国家如此，中国的情况又如何？其实，中国一直且至今仍然面临同样的问题，即发展与秩序的深刻矛盾。中国道路正是在探索处理这一矛盾的过程中逐渐形成和完善的。众所周知，在改革开放前近 30 年的时间里，中国经历了接连不断的政治运动。事实上，这些运动正是现代化进程中发展与秩序的矛盾在国家政治上的反映；当时国家的发展战略也是谋求以动员体制推进赶超型发展，只不过由于没有处理好发展与秩序的关系，结果变成反复折腾，导致经济和社会发展在改革开放前夕几乎陷入停滞。这一事实同时表明，当时中国的现代化进程其实也遭遇了与其他发展中国家同样的困境。差别只在于，许多国家一蹶不振，而中国很快从困境中奋起，果断调整政策，大力推行改革开放，现代化进程从此走上康庄

① HUNTINGTON S P. Political order in changing societies. New Haven，London：Yale University Press，1968.

大道。而在此过程中，采行动员体制以推进赶超型发展的现代化战略也不断充实和完善，国家对发展与秩序的矛盾认识更加清醒，应对也更加娴熟，终于形成了一条无论从理论还是绩效来看都称得上“道路”的中国道路。

然而，曾经让大量发展中国家遭遇滑铁卢的发展与秩序的矛盾，至今仍然是中国在现代化进程中必须面对的一个全局性和根本性矛盾。中央反复强调“必须坚持改革发展稳定的统一”“要坚持把改革的力度、发展的速度和社会可承受的程度统一起来”①，原因就在这里。可以说，谋求更加有效地应对发展与秩序的矛盾，正是今后中国道路不断发展和完善的中心内容所在。

这里需要指出的是，发展与秩序的矛盾本质上是生产力与生产关系的矛盾，因而是任何国家，包括西方发达国家在现代化进程中都必然经历的坎坷。只不过，如前所述，西方发达国家与发展中国家在现代化过程中面临的历史场景不同，因此这一矛盾的具体表现不同、应对方式不同，最终效果也不同。这意味着，不能因为中国道路至今仍然在艰难地面对发展与秩序这个矛盾而否认这条道路的历史前景。中国道路正是在应对发展与秩序的矛盾的过程中逐渐形成的，它也将在应对过程中继续成长和完善。

---

① 习近平．习近平谈治国理政：第1卷．2版．北京：外文出版社，2018：68.

第五章

建设社会治理共同体

改革开放以来，中国经济和社会快速发展。2021年，习近平总书记庄严宣告：全面建成小康社会的第一个百年奋斗目标胜利实现。这意味着中国的现代化建设取得了重大的阶段性成果，也表明中国确实走出了一条属于自己的道路，以动员体制推进赶超型发展的现代化战略是成功的。当前，我国已经踏上全面建设社会主义现代化国家的新征程，进入了一个新发展阶段。在新发展阶段，社会治理必须深入贯彻新发展理念，助力构建新发展格局，核心任务则是准确把握新形势和新要求，抓住社会性与公共性、联结与团结的张力这个关键，着力建设人人有责、人人尽责、人人享有的社会治理共同体。

一、社会矛盾的基本形势与特征

如前所述，转型悖论，即发展与秩序如何平衡的矛盾，是任何国家在现代化过程中都必然经历的挑战。而发展中国家，由于曾经作为殖民地半殖民地的特殊历史境遇，以及当前仍然面对严重不平等的世界政治经济格局，转型悖论造成的挑战更加严峻。中国作为世界上最大的发展中国家，尽管经济和社会发展取得了巨大成就，但今后仍将长期面临转型悖论这个根本性、全局性矛盾的挑战。党的十九大报告指出，中国特色社会主义进入新时代，我国社会主要矛盾已经转化为人民日益增长的美好生活需要和不平衡不充分的发展之间的矛盾。这一社会主要矛盾的转化实际上是发展与秩序的矛盾在新的历史阶段和条件下的展现。

在现实生活中，发展与秩序的矛盾表现在方方面面，从而社会治理的内容也林林总总。但毫无疑问，社会矛盾是这一矛盾最直接的暴露，是其中最尖锐的部分，因而也是社会治理最紧急、最棘手的任务。尤其是随着改革进入攻坚期和深水区，社会矛盾不仅易发、高发，而且往往叠加在一起，形势更加严峻。在这个意义上，当前推进社会治理现代化必须将防范和化解社会矛盾作为重要抓手。在此过程中，必须注意到，由于中国独特的发展道路，中国的社会矛盾也有着自己独特的演化逻辑和发展趋势。可以说，社会矛盾大量而集中地爆发具有深刻的历史根源，预防和化解社会矛盾是一项长期而艰巨的工作，如果缺乏战略远见和定力，就很容易犯颠覆性错误。要卓有成效地推进社会治理现代化，对此必须有清醒的认识。

第一，以动员体制追求赶超型发展的现代化模式，导致社会矛盾集中爆发并把矛头指向国家，是中国较长时期内不可避免的历史趋势。

中国是一个发展中的大国，这是最基本的国情，也是理解和判断当前中国社会矛盾的基本前提。如前所述，在世界现代化的三次历史浪潮中，中国是一个后来者。这一历史条件决定了，中国只能在西方主导的全球秩序下启动和推行现代化，并且只有以比发达国家更快的速度发展，才能在全球竞争中生存。这样一种赶超型发展模式决定了，在西方现代化过程中次第展开的社会矛盾和冲突，在中国将会在很短的时间内集中爆发，而且是内外、新旧、敌我矛盾交错，形势十分复杂。可以说，发展越快，社会矛盾就越凸显、越叠加、越严峻。

与此同时，中国作为一个领土和人口大国，不可避免地与西方存在强烈的竞争关系，这决定了它不可能走一些中小国家的“依附型现代化”道路，即充当西方大国附庸，从中分享西方现代化成果的道路，而是必须独立自主。这要求国家在现代化过程中扮演领导者、保护者甚至直接参与者的角色。国家在现代化过程中的核心地位决定了国家不可避免地会成为社会矛盾的焦点：一方面，国家对社会发展的深度介入会直接形成大量直接针对政府的矛盾；另一方面，一些矛盾即使不是国家政策直接造成的，但基于对国家的要求和依赖，社会也会要求国家出面解决。

在这个意义上，防范和化解社会矛盾既具有根本性，也是一场持久战，必须整合各方力量共同应对。稳健地处理改革、发展、稳定之间的关系，有效地预防和化解社会矛盾，确实具有根本性，因为这涉及整个国家的现代化大局。一旦在这个问题上出现颠覆性错误，中国的现代化前程和民族复兴大业将毁于一旦。

第二，由于在动员体制下，整个社会的权力高度向国家集中，这样一种权力结构隐含着形成跨地区、跨阶层大联合的颠覆性社会冲突的风险。

从当前来看，绝大多数社会冲突都是因为自身利益，特别是经济利益遭到直接损害而引起的。由于损害的内容和发生的时间、地点不同，社会冲突在时间、空间和诉求上也高度分散。单个事件卷入的人数一般不多，组织性也比较差。即使有一定的组织性，一般也是在冲突过程中为了提高应对能力而被动发展起来的，而不是出于对抗的目的而主动发展起来的。从全国范围来看，尽管社会冲突的数量在攀升，卷入的人数在增多，但尚未出现将分散的事件整合起来的统一意识形态和大型组织机构。

但是，大分散、小规模、非组织的社会冲突背后潜伏着大联合风险，应引起高度重视。原因在于，中国是全国统一行政的单一制国家，而且是中国共产党长期连续执政。这样一种集中的、稳定的政治结构固然是中国现代化的必然要求，但它客观上也有利于大规模社会冲突的形成：政策的全国统一性和历史连续性意味着，它一旦造成社会矛盾和冲突，这些矛盾和冲突将在肇因上具有同源性、内容上具有同质性、节律上具有同步性，并且不同时期、不同性质的矛盾和冲突也会因为不断累积而贯通。这些特征使分散在不同地方和阶层的群众即使没有组织联系，对很多问题也容易形成强烈的情感共鸣、共同的利益诉求和一致的矛头指向。基于这种“默契”，有时无须特别动员，也容易形成跨地区、跨阶层的大联合行动。最近若干年来，全国多次出现一个偶然因素酿成大规模社会冲突，并且很多卷入其中的群众并不是直接利益相关者的情况，其形成机理正在于此。

此外，随着全民整体教育水平的提高、信息和交通条件的改善，以及国内外某些势力的介入，维权群体出现统一意识形态和组织机构的风险越来越高，特别是统一意识形态的出现需要引起高度注意。意识形态框架和组织机构的整合性越强，社会冲突突破地域和阶层界限，实现跨地区、跨阶层大联合的风险越高，对社会秩序的威胁也越大，对此需要严加警惕和防范。

第三，随着中国现代化进程的急速推进，社会矛盾还有加剧的可能。对此，既不能裹足不前，也不能操之过急，而必须立足发展解决矛盾。

加快发展是广大人民的共同期盼，也是自立于世界民族之林的根本，内外条件都不允许中国停下来不发展。发展本身就是不断打破现状、不断调整现状的过程，总是会造成社会地位的升降流动，因此总是会造成矛盾。发展本身也会不断造成新的追求和追求的分化，一些在没有发展之前不是问题的问题，在发展之后就会成为问题。比如在短缺经济时代，一年劳动所得只够勉强维持温饱，旅游的机会很少，所以不存在“旅游环境”问题。近年来，随着经济和社会快速发展，外出旅游几乎已经成为中国民众的日常需求，于是“旅游环境”就成为一个突出的社会矛盾。

既然发展不可能停下来，而只要有发展就会有矛盾，甚至会加剧，那么，化解社会矛盾就必须树立“持久战”和“可持续”的战略思想，既不能急于求成，寄望于短期突击、速战速决，也不能只顾“紧急处置”“特事特办”，而无兼顾不同阶层、地区和历史阶段的可持续安排。这就需要牢牢抓住发展这个根本不放松。只有不断发展，持久、持续才有坚实的物质基础。因此，既不能裹足不前，也不能急躁冒进，而必须立足于发展，在发展中解决矛盾。

二、社会治理现代化与制度建设

要破除转型悖论的魔咒，避免落入转型困境的陷阱，出路是在不断推进现代化的同时持续推进制度化。这里所谓“制度化”，是指政治体制的适应性、复杂性、自主性和整体性不断增强的过程。一种制度具有良好的适应性、复杂性、自主性和整体性，意味着它能够自如地应对各种复杂局面，始终保持稳定性和持续性，不至于因外部因素的冲击而崩溃或失去独立性。正是认识到这一点，党的十八届三中全会首次提出了“国家治理体系和治理能力现代化”的命题，而党的十九届四中全会则对相关制度建设问题做了系统阐述，这将对推进中国社会治理现代化产生深远影响。

美国政治学家亨廷顿曾经指出，发展中国家在现代化过程中，最困难的是保持现代化与制度化的平衡。原因在于，现代化是一个大规模的社会变革过程，必然导致社会需求的剧烈变化，以及社会成员的迅速分化和组合，因此不可避免会产生社会紧张和冲突。这是现代化的必然结果。而国家治理的一项重要任务，就是通过卓有成效的制度建设，使这些紧张和冲突能够在体制内以可控的、程序化的方式予以解决。这一过程便是所谓的“制度化”。制度化的速度如果落后于现代化的速度，轻则引起骚乱，重则爆发革命。而对发展中国家来说，最大的困难之一就在于创制一种具有良好的包容性和吸纳性的政治体制①。因为发展中国家普遍存在一个从传统的帝国、王朝、酋邦、部族等政治体系向现代民族国家转型的问题，再加上长期殖民地经历的负面影响，能够创制和维持一个中央权威，从而实现国家的统一和稳定，就已经是一个大大的难题；而要应对现代化引起的又多又急的各种社会需求，那更是难上加难。在亨廷顿看来，大量发展中国家之所以在现代化过程中陷入困境，根源正在于其制度化速度跟不上现代化速度，无法吸纳现代化所引起的社会结构分化、政治兴趣倍增和各种矛盾冲突。

在改革之初，邓小平就提出党和国家领导制度改革的问题。但在中国共产党的历史上，是习近平第一次提出国家治理体系和治理能力现代化的命题。这是继工业、农业、国防和科学技术“四个现代化”之后，中国共产党提出的第五个现代化。在这五个现代化中，前四个现代化均以生产力的发展为目标，而第五个现代化则是唯一以生产关系变革为目标的现代化。尽管习近平并未使用亨廷顿式的“制度化”概念，但其目标无疑正是“制度化”概念所标举的。

那么，当前中国社会治理应该怎样推动制度化建设呢？如果借鉴帕森

① HUNTINGTON S P. Political order in changing societies. New Haven，London：Yale University Press，1968.

斯的社会系统和社会行动理论[①]，那么现代化事业的顺利推进需要动能激发、政治领导、社会整合和环境适应等四个基本方面的高度耦合。相应地，应对转型悖论，也应当以发展与秩序的张力这一社会治理主题在这四个领域的集中体现为抓手，分进合击地展开制度建设，由此形成当前中国社会治理制度建设的四个基本课题，分别涉及四对基本关系，即公平与效率、集中与民主、冲突与团结、国权与民权。

第一是公平与效率的关系。赶超型发展需要持续而强劲的动力。在这方面，发展与秩序的矛盾表现为效率与公平的紧张。生产是社会发展的根本动力。对中国这样一个仍处于负重爬坡阶段的发展中大国来说，发展在相当长的时间内仍然是首要任务，因此必须把生产效率摆在十分突出的位置。在较长时间内，国家一直把效率置于首位，明确提出“效率优先、兼顾公平”的原则。随着经济社会的快速发展，社会观念发生重大变化，公平越来越受推崇。公平诉求的崛起对以往“效率优先”的发展模式构成严峻挑战，公平与效率之间的矛盾越来越尖锐。如何解决这一矛盾，成为社会治理制度建设必须面对的第一个基本课题。

解决这个问题的关键，是从正反两个方面同时扩大社会的开放性。从正的方面说，是优化社会分层与流动体系，使每个社会成员都能通过自己的努力实现社会流动，通过流动在社会分层体系中找到适当的位置。从反的方面说，是健全权益维护和救济体系，使每个社会成员都能及时而有效地主张、维护和挽回正当权益。这两个方面，前者着眼于充分创造增量，后者着眼于合理分配存量。只有创造增量和分配存量同时并举，才能实现

---

① 帕森斯．社会行动的结构．张明德，夏遇南，彭刚，译．南京：译林出版社，2012.

公平与效率相得益彰，避免两败俱伤。总的来看，目前整个社会的开放性仍然不足，特别是主张和维护自身权益的渠道仍然不够畅通和有效。

第二是集中与民主的关系。发展与秩序的矛盾在政治方面表现为集中与民主的张力。对发展中国家而言，如果追求赶超型发展，就必然要求政治上保持动员体制，即赋予国家很大的权力，以便国家有效地动员社会资源共赴现代化伟业。但在动员体制下，社会的自主权相对较小，这与日益高涨的民主呼声之间存在距离。如何处理动员体制与民主呼声之间的关系因此而成为社会治理制度建设的第二个基本课题，也是其中最敏感的课题。

对这个问题，首先要树立科学、全面的认识：动员体制具有组织能力强、行政效能高、反应灵活的优势，有利于国家集中力量办大事和灵活应对瞬息万变的国内外形势。但这一体制也存在一些弱点：权力集中容易造成腐败和长官意志；对权力中心的智慧要求极高，一旦决策失误，社会影响极大；其中蕴含的精英主义逻辑不容易取得社会认同；等等。动员体制的核心是坚持党的领导。将党的领导与人民当家作主有机结合是我党的一贯主张。但怎样从历史和理论高度形成更有系统性和说服力的政治论述，怎样通过操作性的组织、制度和程序使上述主张更好地落到实处，是当前迫切需要解决的问题。

第三是冲突与团结的关系。快速的经济社会发展在大大提高人民物质文化生活水平的同时，也造成社会分化加速加剧，国家与社会之间以及社会内部的冲突日趋频繁和激烈，社会整合更加困难。这是发展与秩序的矛盾在当前最直接、最可见的表现。改善社会冲突管控因此成为国家治理体系和治理能力建设中最紧迫的课题。在这个问题上，重点是逐渐改变严防任何公开冲突的刚性维稳模式。这要求重新认识冲突与团结之间的关系，进而通过体制和机制创新，把冲突与团结有效地结合起来，敢于并善于借冲突凝聚共识，同时以共识约束冲突，实现社会的活而不乱、争而不战。

传统观念倾向于把冲突与共识简单地对立，进而企图消除任何公开的冲突。这是违背社会发展规律的，实践中不仅做不到，而且会适得其反。现代社会的一个基本特点，就是整个社会高度分化，并在高度分化的基础上随时不断地组合。分化组合的范围如此之广、程度如此之深、变化如此之快、形态如此之复杂，以至没有任何一个政党和政府能够预知并协调所有社会诉求。因此，发生公开冲突是不可避免的，消除公开冲突是不可能的。适应这一形势，冲突管控的要害不是消除公开冲突，或让一切分歧都转为内部协商和协调，而是让社会冲突朝忠诚反对的方向演化。所谓“忠诚反对”，即忠于社会基本价值基础上的相互反对。在忠诚反对中，反对的目的和后果不是消灭彼此，而是维护和凝聚社会基本价值。这就要求冲突管控的体制机制具有足够好的开放性和柔韧性，善于通过公开的冲突听取社会呼声、凝聚价值共识，反过来又通过价值共识引导和约束社会冲突，避免社会冲突冲破价值底线，变成你死我活的对抗。

简言之，冲突也是社会沟通的方式之一。现代社会如此复杂，很多时候确实是“不打不相识”。简单地压制社会冲突，会阻塞言路，妨碍不同诉求之间的沟通。问题的关键不是消灭冲突，而是努力实现冲突与团结的良性互动。

第四是国权与民权的关系。中国是在西方主导的世界政治经济体系中谋求发展的。这个国际环境中国无法选择。面对激烈而不平等的国际竞争，中国始终存在一个争取本民族在国际上的生存权和发展权的问题，即国权问题。在争取国权问题上，全体中国人是一个命运共同体，必须精诚团结。近代以来，在救亡图存的巨大压力下，国权长期压倒民权。但近年来，国内民权思想日盛。在大量民权主张中，国权问题被淡忘，甚至被当作“虚假意识形态”来攻击，民权大有压倒国权之势。

国权与民权的消长是发展与秩序的矛盾在内外关系问题上的反映。近代以来，中国现代化的首要问题是争取民族独立，以国权为先是历史的必然选择。改革开放以来，综合国力的迅速增强使国权问题大为缓解，这反过来要求调整以国权为先的政治秩序并导致民权思想兴起，也是可以理解的。

如何平衡国权与民权两种需求，于是成为国家治理体系和治理能力建设的第四个基本课题。该课题的实质是统筹国内与国际两个大局。一方面，中国仍然是发展中国家，国权问题依然存在并对民权等内政问题的施展造成严重限制。随着中国日渐强大，国际社会对中国的疑虑和围堵也在加深。在这个意义上，国权问题不是减轻了，而是加重了。民权须以国权为前提。国权不彰，民权就没有存在和发展的空间。单纯从内政角度来思考民权问题失之偏颇。中国当前很多社会问题，表现在国内，其实根子在国际。另一方面，长期以国权为先的政治秩序也需要调整。对民权的过度抑制既不利于政治稳定，也不利于经济发展方式的转变。适度张举民权，可以更好地凝聚民心，调动民智。当前转变经济发展方式的核心，是从以资源和劳动为中心的苦力经济，转向以创意和技术为中心的智力经济。这需要最大限度地激发民智。而激发民智，离不开张举民权。要正确认识激发民智与张举民权之间的关系。

三、社会治理共同体：从小治理到大治理

当代中国社会治理的主题是应对转型悖论，有效地化解现代化进程中

发展与秩序的张力，使之成为助推转变现代化进程的动力。从表面上看，这一界定似乎超出了当前党和国家所确定的社会治理内容。事实上，如前所述，当前社会治理所关心的教育、就业、收入分配、社会保障、医疗卫生、社会安定、国家安全等内容，只是转型悖论中最直接、最现实、最尖锐的部分，因而在政治上和政策上被放在特别突出的位置，但这并不意味着社会治理只局限于这些内容。从这个意义上说，当前的社会治理只是小治理，为了应对转型悖论而可能和应当发生的工作内容才是大治理。从社会治理的进程和方略来说，当前仍应以小治理，即解决人民最关心、最直接、最现实的利益问题为重点，但需要时刻注意的是，小治理最终为了实现大治理，因此在社会治理过程中，应当紧紧扣住转型悖论，做好小治理与大治理的衔接与过渡，起码要同向而行，不能背道而驰。实现这个目标，既是社会治理的重要任务，也是本书致力于揭示社会治理主题的一大初衷。

面对中国道路及伴随的社会矛盾，推进社会治理现代化的根本方向是打造共建共治共享的社会治理制度。共建共治共享的社会治理制度是中国经过长期探索逐渐建立的、被证明符合国情民情和社会发展规律的制度安排，也是中国特色国家制度和国家治理体系的重要组成部分。

打造共建共治共享的社会治理格局，首先是共建，也就是必须人人负责、人人出力，通过劳动亲手创造幸福，而不能袖手旁观或者等、靠、要。只有每个人都增强使命感、责任感和奉献精神，共同参与到社会治理的建设洪流中，才能营造良好的社会治理局面。党和政府必须善于组织群众，帮助群众克服集体行动中经常发生的“搭便车”困境[①]，社会治理才

---

① 奥尔森．集体行动的逻辑．陈郁，郭宇峰，李崇新，译．上海：上海人民出版社，1995.

有希望，才有成效。

其次是共治，也就是必须不断地改革和创新体制机制，让广大人民群众的积极性充分发挥，创造力充分涌流。创新是时代发展的主旋律，是引领发展的第一动力；当前必须加快体制机制改革步伐，破除一切束缚创新发展的障碍。只有这样，社会治理工作才有源头活水，社会治理局面才能生生不息。为此，党和政府必须充分尊重群众的首创精神，必须充分保障群众的知情权和参与权，平时多与群众联系，遇事多与群众商量，畅通上传下达渠道，真正做到问政于民、问需于民、问计于民。必须站在群众之中去领导群众，而不是站在群众之上去领导群众，既要克服尾巴主义和自流主义错误，也要克服关门主义和命令主义错误，要善于团结广大人民群众一道前进①。

再次是共享。实现共享，是共同富裕这一社会主义制度本质要求的具体体现。党的十九大报告指出："我国社会主要矛盾已经转化为人民日益增长的美好生活需要和不平衡不充分的发展之间的矛盾。"② 也就是说，当前我国经济社会发展不平衡的问题仍然十分突出，已经成为满足人民美好生活需要的主要障碍之一。这就要求党和政府以一切为了群众、一切服务群众为理念，以保障和改善民生为重点，抓住人民最关心、最直接、最现实的利益问题，加强和创新社会治理体制机制，实现发展成果更多、更公平地惠及全体人民，让人民群众有实实在在的获得感、幸福感、安全感。

那么，怎样才能打造共建共治共享的社会治理共同体呢？从社会学角

---

① 刘少奇．论党．北京：人民出版社，1980.

② 习近平．决胜全面建成小康社会 夺取新时代中国特色社会主义伟大胜利．人民日报，2017-10-28 (1).

度来说，关键是抓住社会交往这个根本，着力促进联结与团结、社会性与公共性的良性循环和迭代生长。

人类一切形式和内容的活动，包括经济、政治、文化等等，无不以社会交往为依托和基础，无不是社会交往在特定领域的功用和展现。人与人的接触，是一切经济、政治和社会活动赖以发育的胎盘、赖以伸展的基座。社会接触不良，意味着胎位不正、基座不实，经济和社会的恢复及发展会因此缺乏强大的、持续的动能。活跃而健康的社会交往，是经济繁荣、政治昌明、文化兴盛等等的前提和基石。而任何社会交往中都蕴含着三重张力：第一重，是联结与团结的张力；第二重，是社会性与公共性的张力；第三重，是活力与秩序的张力。这三重张力，在本质上是一样的，在逻辑上是贯通的，只是对同一个问题、同一种现象从不同角度去描述而已。所谓社会治理，归根到底，都是要通过调整上述三重张力来优化社会交往。

第一，从性质上看，所谓社会交往，不外乎两种基本形态，一种是初级形态的联结，一种是高级形态的团结。联结只涉及社会交往有无的问题，或者说，只涉及社会交往的数量问题；团结则进一步涉及社会交往好坏的问题，或者说，涉及社会交往的质量问题。人在社会中生活，必然与他人发生物质或精神上的各种联结。然而，光有联结是不够的。人与人之间有联结，但联结并不一定意味着团结。只有那些公平、公正、能够相互体谅和支持的联结才是团结。有些联结，并不能够带来团结，甚至可能损害团结。如果失去团结这个理想，人与人的联结就可能变成相互构设陷阱，与他人的交往随时可能变成一场劫难，联结随时可能变成“联劫”。同时，团结虽然是我们的理想，但必须立足联结去追求团结。离开群众自发、朴素然而充满活力的联结，勉强撮合的团结也是干瘪、空洞而没有生机的，必然推而不行、行而不远。因此，可以说联结与团结之间是有张力的。统筹联结与团结，调节联结与团结之间的张力，使联结与团结在相反中相成，在相克中相生，正是社会学的使命和责任，也是社会治理应当从事的事业。

第二，人在社会中生活，无论出于何种需要都必须与他人发生接触和交往，这样一种属性就是社会性。所谓“社会”，就其本义而言，是指人们通过自发的、自愿的交往而形成的人的集合。在这个意义上，有联结就会有社会，联结越多、越丰富，社会性就越强。也就是说，联结性对应着社会性。显然，社会性的一个基本特征，就是它具有显著的自发性。然而，由于生产和生活中必然发生相互依赖，这就要求每个人都必须适当地谦抑自我，以便相互合作，增进共同利益，任何人都不能任性。也就是说，每个人都应当照顾整体的团结。这样一种要求，就是公共性。在这个意义上，团结与公共性是对应的。显然，公共性也是社会交往和社会生活的必然要求。社会性具有显著的自发性，追求的是充分发挥自我，而公共性则要求体谅和尊重他人，要求谦抑自我。显然，这两者之间也是有张力的。

第三，更进一步，一个社会只有允许个体充分地发挥自我，才会有活力，同时也必须适当体谅和尊重他人，才会有秩序。既要发挥自我，又要体谅和尊重他人，这两者之间显然也是有张力的。当前，中国正处于现代化的关键时期，社会在转型过程中面临许多矛盾。其中，最根本的矛盾是发展与秩序的矛盾，也可以说是活力与秩序的矛盾。一方面，两者相互依赖：越是快速的发展，对秩序的要求越高，越是现代的社会，秩序的维系越依赖于发展。另一方面，两者也相互对立：发展本身是对既有秩序的改变，越是快速的发展，对秩序的改变越加广泛和频繁，越容易造成相对剥夺感，进而越容易引起社会不稳定。

从社会学的角度来说，社会治理的核心内容就是处理活力与秩序的矛盾，或者说发展与秩序的矛盾。这个矛盾，在逻辑上往前推进一层，就是社会性与公共性的矛盾；再推进一层，就是社会交往中联结与团结的矛盾。如何处理联结与团结的关系，对社会治理是一个关键的考验。因为自发、自愿、自由的社会接触是散漫而无定向的，由此形成的社会联结，其效应既可能是正面的，也可能是负面的。没有联结固然就没有团结，但联结并不会自动变成团结，如果处理不当，甚至会变成排斥或压制，对团结构成严重的伤害。社会治理的中心任务，正是要通过丰富和畅通社会联结，培育和增进社会团结，消除社会交往可能造成的负面影响，促发期望带来的正面影响。

中国是一个后发现代化国家，社会组织和动员的压力比较大。由于这种缘故，中国在处理联结与团结的关系时，比较容易犯的病症是过分强调公共利益，结果导致以公共性压倒社会性。从社会治理的角度来说，社会性虽然相对比较零乱，但足够丰富的社会性是整个社会活力的基础。从这个角度来说，社会治理是既怕社会“乱来”，但更怕社会“不来”，因为“乱来”还有得治，“不来”就没得治了。在互联网时代，人人都见证了“流量为王”的商业逻辑。事实上，不仅互联网商业的逻辑是如此，经济和社会发展的逻辑更是如此：经济和社会的繁荣依赖于丰富而互利的社会交往，同样依赖于社会交往所提供的流量。

四、防疫问题反思：社会衰退与社会治理

从社会治理的角度来看，此次新冠疫情的一个重要特征，是它集中呈

现了丰富的案例，从宏观到微观、从正面到反面，鲜明地彰显了人类生活的社会性和公共性以及二者之间强烈的张力，为观察、理解和反思社会治理问题提供了一次罕见的机会。尤其是某些旨在防疫或促进疫后恢复的政策中即潜藏着社会衰退风险，表明当前人们对社会治理的认识还存在严重的误区，亟须从理论上予以澄清。

新冠疫情是一个公共卫生问题。换言之，它不是一个纯粹的生物医学问题，而是一个与公共性高度相关的社会问题。更何况，此次疫情暴发急、传播快、后果严重，而生物医学对该疾病的发生、传播和治愈机理所知不多，就医学而言，相当于全球所有国家和社会都处在同一水平。因此，真正考验疫情防控水平的是社会因素，即社会组织方式和社会治理模式。此次新冠疫情发生之峻急、席卷之广泛，如同一场无远弗届而又细致入微的自然实验，集中、全面而又真切地暴露了不同国家以及同一国家内部不同部分在组织方式及其所蕴含的力量上的差异。人们不无惊讶地发现，由于组织方式的不同，不同社会、社区或社群发生疫情的风险，以及应对疫情的方式、能力和效果竟然有那么大的差别；尤其是一些曾经广受推崇的社会，在此次抗疫中的表现却让人大跌眼镜。一次疫情将“社会如何组织”的问题展现得如此直观而又触目惊心。

然而，“社会如何组织”并不是一个伴随新冠疫情才冒出来的新问题。事实上，无论在学术上还是在政治上，它都是一个老问题。从学术上说，“社会如何组织”一直是社会学研究的中心议题，不同社会学流派的分野在某种意义上只不过是针对这个问题给予不同的诊断、开出不同的药方罢了。从政治上说，“社会如何组织”实际就是社会如何治理的问题。众所周知，各种政体和政策围绕该问题而发生的争论由来已久，并且可以预期，伴随此次疫情，相关争论只会有增无减；特别是在当前全球动荡日益加剧的形势下，各种学术和政治思考不可避免地将把社会如何组织和治理的问题放在更加突出的位置。关于这一点，如果说以前还有些朦胧的话，那么此次疫情已经将其崭露得非常清楚了。

新冠疫情既然是公共卫生问题，防治和修复的着力点自然应当是公共性，即要求人人为了公共利益，彼此尤其是陌生人之间相互尊重、包容、信任、合作、体谅和照顾，因此而适当地谦抑和克制自我。比如，为了降低病毒传播风险而主动减少社会交往和戴口罩，即使这样做给自己造成很大的不便。一言以蔽之，要求人人都养成一种公共性。相信通过这次疫情，人人都注意到了公共性对于保证社会安全、维持社会秩序、促进社会发展的重要意义。

然而，公共性并不是凭空产生的，而必须以适当的社会性为土壤。在不同的社会格局下，公共性得以发育的空间是不同的。即以中国而论，近代以降，有识之士们最为感慨的话题之一恐怕就是国人缺乏足够的公共性。晏阳初在推动乡村建设时痛陈中国农民的“四大顽症”之一是“私”[①]。毛泽东讲“严重的问题是教育农民”[②]，针对的积弊还是“私”。至于费孝通，更指以私害公是整个中国社会的通病：“一说是公家的，差不多就是说大家可以占一点便宜的意思，有权利而没有义务了。”[③] 大概由于这个原因，如后文将要指出的，早在 20 世纪初，中国的学问家和政治家便提出了社会建设的命题，旨在通过社会建设培养国民的公共精神和担

① 宋荣恩．晏阳初全集：第 1 卷．天津：天津教育出版社，2013：145.

② 中共中央文献研究室．毛泽东思想年编：1921—1975．北京：中央文献出版社，2011：661.

③ 费孝通．乡土中国．北京：北京出版社，2011：30－31.

当，避免因为私而陷入一盘散沙的状态。社会性与公共性的联系之紧密和复杂，由此可见一斑。

那么，又应当怎样处理社会性与公共性的关系，以便从社会性中培养公共性呢？尽管此次疫情已经充分暴露该问题，但并未引起足够的重视和思考，以致许多旨在促进经济和社会恢复的政策措施甚至可能引起社会衰退，影响社会性，进而影响公共性的发育，从长远来看更不利于经济和社会恢复。为了增进直观的理解，下面讲四个案例，分别涉及社会脱钩、社会梗阻、社会排斥和社会压制四种现象。这些案例都是真实的故事，但隐去有关信息和出处，以免引起不必要的纠纷。

第一个案例，网课。疫情发生之后，学生不能返校，只能分散上网课。网课是高度虚拟和程式化的，课堂上的相互接触非常有限，比起实体课堂内更加直接、全面和丰富的互动，这种状态无异于人与人之间严重脱钩。这本是万不得已的应急之举，但有些官员却像发现了新大陆一样，声称大规模网课是一次前所未有的“教育革命”，颇有以网课取代实体课堂的意思。这就是不了解社会联结的重要性。事实上，学校不仅是一个教学场所，更是一种社会氛围。在校园里，大量社会交往和互动，包括期然的和非期然的、可选择的和不可选择的、可控的和不可控的，随时在刷新你的认知，随时在调动你的想象力、自尊心和积极性，引导或激发你做出应对，校园的活力于兹生焉。而网课环境十分单调，并且可控性和可选择性很强，很容易让学生形成自我封闭的“茧房”和“舒适区”，结果在不知不觉中失去生机活力。

第二个案例，买车。为了恢复受疫情重创的经济，各级政府出台了大量刺激消费的优惠政策，其中一项是鼓励换车，据说潜在的消费有几十亿元之巨。然而在某地，这个政策却梗在一个小小的旧车外迁过户环节上，难以发挥预期的经济效益。原因是，当地实行汽车限购，消费者要先卖掉旧车、腾出购车指标，然后才能买新车。而在疫情期间，当地严格限制外地客户进场验接旧车。在当地最大的旧车交易市场，曾经有一段时间，办理外迁过户必须网上预约，并且每天只放50个号，进度可想而知有多慢。外迁手续办不了，购车指标腾不出，新车也就没法买或者买了也上不了牌，以致严重降低消费者的换车意愿。外地客户不能进入当地，当然是出于减少社会接触、避免疫病传播的考虑。但谁又能想到，一个如此不起眼的社会环节，竟然梗住了如此巨大的消费市场。由于这一特征，在此把这种现象称为社会梗阻。

第三个案例，社会排斥，典型案例是口罩发放。在此次抗疫过程中，曾有一段时间口罩供应紧张，一些城市采取向社区居民免费定量发放口罩的办法保障供应。这本是既能加强疫情防控又能增进社会团结的两利之举，但令人不解的是，“外地人”却被排斥在发放范围之外，哪怕是已在此地居住几十年，只要户籍不在都不行。众所周知，新冠病毒可谓无孔不入，防控必须全方位无死角，把“外地人”排除在发放范围之外，不仅严重伤害社会团结，对防疫来说也是一个严重漏洞。有“外地人”声称：“没有口罩，我真要得了病，要死大家一起死吧。”这虽然是气话，但确实道出了社会排斥所造成的严重后果。

第四个案例，消费券，涉嫌社会压制。为了重振经济，疫情期间很多地方都在发放消费券。据统计，到2020年4月底，全国各地发放的消费券加起来约有50亿元之多。但消费券怎么发，门道很多。别的不说，光讲发放途径：不少地方的做法是把消费券捆绑在某个电商平台上，一是先到先得、发完为止，以刺激民众尽快消费；二是消费券必须与自己付费的电商消费按一定比例配套使用方可。这样操作，从经济角度来看确实能够刺激和拉动消费，但从社会角度来说则会造成某种剥夺和压迫，因为它会限制那些本来就触网机会少、用网能力弱、消费水平低的困难群众共享政策红利，从而进一步扩大贫富差距，既不符合社会公平，也不利于社会团结。政府不仅要顾经济，而且要顾社会。社会要是严重失衡，经济也会行而不远。

这四个案例虽然发生在不同领域，但问题都出在社会因素上：第一个案例是人与人脱离接触，失去了联结；第二个案例是人与人虽然有联结，但中间有堵点，不够畅通，形成了梗阻；第三个案例是人与人虽然有很强的联结，但是这种联结没有变成团结，而是变成了相互伤害；第四个案例同样是有联结、无团结，但更有甚之，变成了一个群体对另一个群体有意或无意的压制。总之，四个案例最终都可以归结到社会联结和团结的问题上。

上述四个案例所呈现的社会问题，一经点破，大家都觉得严重，但在平时，又很容易被忽视。一个典型的表现是疫情发生后，举国上下最担心的是经济衰退，甚少有人谈及社会衰退。比照经济衰退的说法，上述四种现象可以统称为社会衰退①。所谓社会衰退，简言之，是指一个社会中由于人与人的联结不足或者团结不够，导致社会失去活力，甚至失去秩序。即便通常被认为“道义放两旁，利字摆中间”的经济活动，也是深深地嵌

① https：//www. theguardian. com/world/2020/mar/18/coronavirus-isolation-social-recession-physical-mental-health/； https：//www. theatlantic. com/ideas/archive/2020/03/america-faces-social-recession/608548/.

入于社会交往之中的。没有人与人的联结和团结，经济活动也会深受影响。正如此次疫情中，连简单的人际接触都变得如此危险，哪里还谈得上工作和就业？没有工作和就业，经济自然会衰退。许多经济衰退问题，其实根子出在社会衰退上。因此，必须建立健全整个社会的联结和团结，经济才有坚实的基础。此次疫情已经深刻而鲜明地展现了这一点。

从人类历史上看，新冠疫情这样极端的灾害非常少见，但它不失为一个富有象征意味的隐喻，充分凸显了社会衰退的风险和危害。为了预防和克服社会衰退，就必须正确认识社会的地位，更好地发挥社会的作用，精心地培育和呵护社会的联结和团结。建设社会治理共同体的核心，就是抓住联结与团结、社会性与公共性的张力这个核心，合理平衡二者之间的关系，避免顾此失彼或者两败俱伤。

第六章

信访矛盾与信访制度改革

信访制度是新中国政治制度的一个有机组成部分，在社会治理过程中发挥着独特而重要的作用。近年来，随着信访矛盾逐渐突出，信访问题成为包括社会学在内的多个学科的研究热点之一。与当前关于信访问题的绝大多数研究偏重对策不同，本章旨在做一个基础性研究，即同时从历史和理论两个方面揭示新中国信访制度形成和演变的基本规律。本章所关心的问题是，新中国的信访制度是怎样形成的？又是怎样演变的？其形成和演变有何规律可循？澄清这些历史和理论问题，有助于更好地理解新中国政治发展的历史及规律，从而更好地推进信访制度改革，充分发挥信访制度的社会治理功能。

一、信访制度的创立与两种基本工作取向

信访问题是近年来包括社会学在内的多个学科的研究热点之一。但总的来看，绝大多数研究都偏向对策，基础性研究并不多[①]。不过，尽管大多数信访问题研究都不是以理论阐发为目标的基础性研究，但在理论上却表现出两个共同倾向：一是非历史主义，二是社会中心论。在这两种倾向

---

① 关于信访问题的著述可谓汗牛充栋，这里难以尽列。北京市信访办组织的课题组曾将 2010 年 4 月底以前公开发表的信访问题研究成果编印成《信访理念》、《信访实践》（全二册）和《信访制度》等共四册，并对有关研究做了综述，为观察信访研究的整体状况提供了很好的基础。

影响下，信访制度作为一种政权设置而形成和演变的历史过程以及国家在其中扮演的角色，在很大程度上被忽视了。另外，即使那些为数不多的基础性研究，也主要关注信访制度在社会层面引起的反应，亦即信访制度对社会运作的影响，而很少关注国家建构信访制度的历史过程本身①。

在现代政治生活中，国家制度的兴革是一个高度理性化的选择过程，因此，任何国家制度的形成都是一个有目的的建构过程，并会随着内外形势的变化而不断调整。这就是所谓的“国家政权建设”。亦同此理，自1951年正式创立以来，信访制度在政治理念、组织机制和社会功能等方面都发生了极其深刻的变化。因此，要理解信访制度的现状和趋势，必不可少的途径之一是全面研究国家建构信访制度的历史过程及其逻辑。但在以往，很少有人专门研究这段历史，更很少有人从社会学角度去分析和总结信访制度作为国家政权设置的演变规律。

从历史上看，信访制度是根据党的群众路线而创立的。根据群众路线，信访工作有社会管理和社会动员两个基本内容，并应努力做到两个内容的有机统一。但是，国家在实践过程中往往只注意其中一个方面而忽视另一个方面，并相应形成了两种相互对立的信访工作取向。

信访制度创立于1951年，其标志是政务院于当年发布的《关于处理人民来信和接见人民工作的决定》②（下称“五一决定”）。“五一决定”要求县（市）以上人民政府“责成一定部门，在原编制内指定专人，负责处理人民群众来信，并设立问事处或接待室，接见人民群众；领导人并应经

① 郑卫东．农民集体上访的发生机理：实证研究．中国农村观察，2004（2）；胡荣．农民上访与政治信任的流失．社会学研究，2007（3）；刘平．单位制的演变与信访制度改革．人文杂志，2011（6）.

② 为简洁起见，下面引用该文件时不再注明出处。

常地进行检查和指导”[①]。“五一决定”虽然内容简略，但它第一次把信访制度提上国家政权建设的正式日程。在“五一决定”推动下，各地开始把信访制度作为一项国家制度来建设。

1957年5月，中共中央、国务院召开第一次全国信访工作会议[②]。会议对“五一决定”发布后的全国信访工作实践做了系统回顾和总结。会后，国务院发布了《关于加强处理人民来信和接待人民来访工作的指示》[③]（下称“五七指示”）。“五七指示”从政治原则、组织制度和业务流程等多个方面对“五一决定”做了重要发展。特别是其中首次规定各级国家机关“必须有一位领导人亲自掌管机关的处理人民来信和接待人民来访的工作”，并要求“县以上人民委员会一定要有专职人员或者专职机构”，极大地提高了信访工作的体制化程度，标志着信访制度作为一项国家制度的政治地位正式确立[④]。

对于信访制度的创立，尽管不能完全否认传统政治文化的影响，但从历史上看，它主要是中国共产党在建政过程中自觉贯彻群众路线的产物。早在新中国成立前，中共中央即已着专人，后又设立专门机构负责处理群众来信来访[⑤]。新中国成立后不久，1950年11月30日，毛泽东即批示各地加强对群众来信处理工作的组织领导，“对群众来信认真负责，加以处理，满足群众的要求”[⑥]。1951年5月16日，毛泽东又批示，要求各地

① 中共中央文献研究室．建国以来重要文献选编：第2册．北京：中央文献出版社，1992：322-323.

② 会议情况见《人民日报》1957年6月3日第1版报道。这次会议当时被称为“处理人民来信来访工作会议”，“第一次全国信访工作会议”是后来的叫法。

③ 为简洁起见，下面引用该文件时不再注明出处。

④ http://www.gov.cn/gongbao/shuju/1957/gwyb195752.pdf.

⑤ 刁杰成．人民信访史略．北京：北京经济学院出版社，1996.

⑥ 中共中央文献研究室．毛泽东年谱：1949—1976：第1卷．北京：中央文献出版社，2013：250.

“必须重视人民的通信，要给人民来信以恰当的处理，满足群众的正当要求，要把这件事看成是共产党和人民政府加强和人民联系的一种方法，不要采取掉以轻心置之不理的官僚主义的态度”①。

1951年2月28日，即“五一决定”发布前夕，刘少奇在北京市第三届人民代表会议上的讲话中指出：“各级人民政府和协商委员会要建立专门的有能力的机关来适当处理人民向政府所提出的每个要求，答复人民的来信，并用方便的办法接见人民。这样，使各级人民政府密切地联系人民，切实地为人民服务，而广大的人民也就可以经过各级人民代表会议和人民政府来管理自己的事务和国家的事务。”②

这些指示都渗透着中国传统政治文化中所没有的群众路线精神。“五一决定”就是根据毛泽东和刘少奇的这些指示出台的。秉承群众路线精神，“五一决定”开宗明义指出：“各级人民政府是人民自己的政府，各级人民政府的工作人员是人民的勤务员。各级人民政府应该密切地联系人民群众，全心全意地为人民服务；并应鼓励人民群众监督自己的政府和工作人员。因此，各级人民政府对于人民的来信或要求见面谈话，均应热情接待，负责处理。”自此及今，国家一直把密切同人民群众的联系作为信访工作的根本宗旨和任务。

信访制度既然是根据群众路线而创立的，那么，群众路线就规定着国家信访工作的基本内容。根据党的理论，群众路线包括对立统一的两个方面：一方面，党是人民群众的忠实代表，是全心全意为人民服务的，在这

---

① 中共中央文献研究室．毛泽东年谱：1949—1976：第1卷．北京：中央文献出版社，2013：342-343.

② 刘少奇．刘少奇选集：下．北京：人民出版社，1985：56.

个意义上，党的利益同群众的利益是统一的；但另一方面，党是人民群众的先锋队，代表着最广大人民群众的根本利益和长远利益，而“在一切群众中，通常总有比较积极的部分及中间状态与落后状态的部分，在最初时期，积极分子总是比较占少数，中间与落后状态的人总是组成广大的群众”[①]，因此党同群众又存在着先进与落后、整体与局部、长远与暂时的对立。党同人民群众这种既统一又对立的关系，决定了党的群众工作也由两个既统一又对立的方面构成。

一方面，基于处于中间和落后状态的群众总是占大多数的现实，群众工作必须照顾这些处于中间状态和落后状态的群众，否则党就会受到孤立。在强调这个方面时，群众工作具有明显的调和性，即，即使群众提出了不合理的要求，国家也必须倾听和回应。由于处于落后和中间状态的群众总是占大多数，可以想见这样的要求一定是不少的。但另一方面，群众路线也要求，党作为人民群众的先锋队，不能单纯“迁就群众中错误的意见”，而应抓住时机“对群众实行正确的有远见的领导”，否则也是脱离群众[②]。在强调这个方面时，群众工作具有明显的斗争性。因为所谓领导，就是动员群众中的先进部分，去启发和争取处于中间和落后状态的部分。不难理解，这是一个暴露矛盾、激化矛盾然后消除矛盾的过程，斗争自然是免不了的。在此过程中，群众的要求即使从局部来看是合理的，也必须服从全体的、长远的利益。简言之，在上述两个方面中，前者强调照顾大多数，后者强调改造大多数。

对应群众路线的上述两个方面，国家信访工作也有两个基本内容：一

① 刘少奇．论党．北京：人民出版社，1980：44.

② 刘少奇．论党．北京：人民出版社，1980：33.

个是以照顾大多数为优先考虑的社会管理，一个是以改造大多数为优先考虑的社会动员。社会管理的中心工作是利用信访渠道助贫问苦，以便及时化解社会矛盾，维护社会团结和稳定；社会动员的中心工作则是利用信访渠道激浊扬清，以便有效地调动民心民力，从而有效地贯彻国家的政策和部署。从群众路线的要求来说，信访工作应该做到上述两个方面的有机统一，即一方面要尊重群众的切身利益，把回应群众的利益诉求放在重要位置，另一方面也要通过适时、适当的社会动员，将群众的兴趣引导到整体利益和长远利益上来。如果只讲社会管理，不讲社会动员，单纯跟在群众的利益诉求后面跑，会犯“尾巴主义”错误；如果只讲社会动员，不讲社会管理，则会脱离群众当下的觉悟，犯“命令主义”错误。但事实上，由于多种因素影响，国家在特定历史时期的信访工作往往都只围绕其中一个方面展开而忽视另一个方面，并相应发展出社会管理和社会动员这样两种信访工作取向。这两种取向在多个方面存在对立。

首先是对民众信访活动的定性。社会动员取向认为，信访活动是群众政治参与热情和公共服务精神的表现，信访活动越活跃，表明党和政府同群众的联系越密切，群众对党和政府越信任、越拥护、越爱戴，对国家事业越关心、越支持、越投入。因此，信访量上升是好事。相反，社会管理取向则认为，信访活动是反映社会稳定及和谐程度的晴雨表，信访活动越活跃，意味着社会隐患越严重，党群关系和干群关系越紧张，发生社会冲突的风险越高。因此，信访量上升是坏事，至少是一件堪忧的事。

其次是对民众信访活动的期望。社会动员取向期望民众在信访活动中将公共利益放在首位，个人利益服从公共利益。又由于公共利益被认为是由国家来代表并体现在国家的工作部署中，因此，民众的信访活动又被要求服从和服务于国家在特定时期的工作部署。相反，在社会管理取向中，国家承认民众通过信访渠道表达个人利益，或将个人利益置于公共利益之前的必然性和合理性。质言之，在社会动员取向中，国家更强调公共利益，提倡国家政治目标的优先性；而在社会管理取向中，国家更尊重个人利益，承认个人利益的首要性。

最后，在开展信访工作的方式上，如果持社会动员取向，国家对民众信访活动将是欢迎的、鼓励的，基本姿态将是主动的、求取性的，民众则处于被动响应的地位。为了达到动员的目的，国家倾向于激化社会差别和对立，以便更好地团结自己的力量，同时暴露、孤立和打击那些不利于社会变革的势力，整个信访工作因此而具有显著的斗争性。如果持社会管理取向，国家对民众信访活动将是忧虑的、规制的，基本姿态将是防卫性的，倒是民众为了维护自己的利益而采取积极主动的姿态。为了达到化解冲突的目的，国家倾向于尽量模糊社会差别，而不是去激化社会对立，整个信访工作因此而具有显著的调和性。

国家信访工作观念的发展有两个阶段：一是 1951—1978 年，占主导地位的是社会动员取向；二是 1978 年至今，占主导地位的是社会管理取向。下面首先分析 1951—1978 年间社会动员取向的形成及其影响。

二、社会动员取向的片面发展及其后果

1951—1978 年间，信访制度基本上是伴随连续不断的政治运动而发展的。一方面，借助于政治运动的强大攻势，信访制度得以从无到有地迅速建立起来，在组织和制度上初具雏形并确立了作为国家政治制度的政治地

位；但另一方面，不断服务于政治运动的过程也使信访工作中的社会动员方面压倒社会管理方面而获得片面发展，使得国家信访工作严重脱离群众的实际需求。随着整个国家工作大局越来越“以阶级斗争为纲”，国家信访工作也越来越“左”，最终沦为林彪、“四人帮”的专政工具，信访制度建设遭到严重挫折。

（一）社会动员取向的形成与发展

前已述及，信访制度正式创立于1951年，但到1957年就确立了作为国家政治制度的地位。信访制度之所以能够如此迅速地发展，得益于“五一决定”发布后不久一系列政治运动的推动。在这些运动中，中央特别注重发挥人民来信来访的社会动员功能。为了敦促各地重视信访工作，中央对利用群众信访活动进行社会动员的可能性、必要性、意义和方法做了大量论述。在这些论述中，信访工作对于化解社会冲突的意义被置于次要的、服务于社会动员的位置，国家更感兴趣的是从群众来信来访活动中发现乃至树立忠奸、善恶、美丑、新旧的对立，以佐证开展政治运动的必要性和信访工作的重要性。就这样，本来只是信访工作两个内容之一的社会动员逐渐脱离社会管理而片面地发展起来。

1951年底，也就是“五一决定”发布后约半年，中央先后决定开展“三反”和“五反”运动。配合运动的开展，1952年5月30日，《人民日报》发表题为《必须肃清官僚主义》的评论。文中在讲述山西省崞县赶车工人张顺有为检举反革命分子而在绥远、山西、察哈尔三省间往返奔波、备受刁难的故事之后，直言申斥山西省政府、归绥市人民法院和崞县公安局“无组织、无制度的情况达到了何等惊人的程度”！

与此同时，一些地方开始运用信访手段进行群众动员。其中，北京市派遣了 253 个代表组到各街巷村庄去征求群众来信来访，4 天内就收到检举材料和意见 10 986 件。事后，市长彭真在《人民日报》头版发表公开信，感谢市民“对于我们的帮助，对于国家的爱护和负责”，并号召市民“不管是对政府工作人员的检举，或是对政府工作的批评，无论什么时候，什么地方”都可以直接给政府写信①。这样一种主动征求信访、事后还高调表示感谢的工作姿态在现在看来不可想象，但从社会动员的角度来说则是顺理成章的。

“三反”和“五反”运动结束后不久，1953 年 1 月，中共中央又决定在各地开展“新三反”运动。毛泽东特别要求各地“从处理人民来信入手，检查一次官僚主义、命令主义和违法乱纪分子的情况，并向他们展开坚决的斗争”②。配合这一指示，《人民日报》在一年之内三发社论。这些社论一方面描绘人民踊跃来信的盛况，盛赞这些来信体现了“人民群众对国家事业的无限关心”，“对党和人民政府的深厚的爱和无限的关怀与信任”，各地应该对此“感到兴奋和愉快”；另一方面也厉声批评一些地方怠慢群众来信，包括毫不留情地批评中央政治局委员彭真直接领导下的北京市“有许多信件竟霉烂在意见箱中而无人过问”③，甚至用一篇社论专门批判华东军政委员会交通部部长黄逸峰拒不接受群众来信批评，反而进行压制的行为④。态度之激进和决绝由此可见一斑。在运动结束时，《人民日报》又对利用群众来信开展政治斗争的情况做了总结，认为经过认真处理

① 北京市委党史研究室．北京市重要文献选编（1952)．北京：中国档案出版社，2002：71－73.
② 中共中央文献研究室．毛泽东年谱：1949—1976：第 2 卷．北京：中央文献出版社，2013：5.
③ 认真处理人民群众来信 大胆揭发官僚主义罪恶．人民日报，1953－01－19（1).
④ 压制批评的人是党的死敌．人民日报，1953－01－23（1).

人民来信，“有效地推动了反对官僚主义斗争的开展，密切了党和人民政府同群众的联系，大大发扬了人民群众中潜在的智慧，为集思广益建设我们伟大的祖国畅通了言路”[①]。

与政治运动的紧密联系对信访制度的发展具有双重效应。从积极的方面说，正是借助政治运动的强大攻势，信访制度才得以迅速从无到有、从上到下、从点到面地建立起来；从消极的方面说，则是片面地发展了信访工作的社会动员取向。从上面《人民日报》的种种论述中不难发现，当时信访工作的基本倾向是围绕国家的工作部署去调动群众参与相关公共事务的积极性，而不是处理群众的利益纷争和困扰。为了激发群众参与信访活动的自豪感、正义感和积极性，国家特别热衷于从群众信访活动中发现和塑造正与邪、忠与奸、善与恶、新与旧的对立，一厢情愿地把信访群众想象成为了国家事业而四处奔走的热心人或受尽打击而孤苦无告的苦命人。在信访工作中，为了团结群众，国家有时也会回应群众的个人利益诉求，但这些都是从属性的，是为社会动员的需要服务的；一旦国家的需要发生转移，国家对民众利益诉求的关注、理解和处置也会转移。

即使在毛泽东提出正确处理人民内部矛盾的问题之后，这一倾向仍未得到扭转。遵循毛泽东讲话精神，1957 年召开的全国信访工作会议首次把信访工作同处理人民内部矛盾联系起来，认为信访工作除了“可以向人民群众解释、宣传党和政府的政策”之外，还“可以使党和政府及时了解和调节人民内部矛盾”，并承认当时绝大多数来信反映的都是人民内部矛盾[②]。然

① 把处理人民来信工作向前推进一步．人民日报，1953-11-02（1）.

② 克服官僚主义 调节内部矛盾．人民日报，1957-06-03（1）.

而，就在为这次会议配发的社论中，《人民日报》仍将信访工作与当时正在开展的整风运动相联系，认为“人民群众的政治积极性正在蓬勃地增长，各机关的来信、来访数量大量增加，内容愈加丰富”，因此，各地要善于利用信访工作“推动机关整风运动前进”①。也就是说，信访工作仍然只是整风运动的一部分，必须服务于整风运动。这就不难理解，就在当年，随着整风运动迅速转入反右运动，信访工作也从服务于整风运动迅速转变为服务于反右运动。结果，信访工作非但没有发挥应有的“了解和调节人民内部矛盾”的作用，反而造成大批因响应整风运动号召而积极去信去访的群众被划为“右派”并遭到打击。

为缓和社会矛盾，中共中央、国务院曾于 1963 年下发《关于加强人民来信来访工作的通知》②（下称“六三通知”）。“六三通知”虽然将化解社会矛盾提到一个新的高度，但并未从根本上扭转片面强调社会动员的信访工作取向③。及至“文革”，对社会动员的片面强调终于使信访工作彻底走到自己的反面——沦为林彪、“四人帮”实行反动专政的得力工具。新华社曾揭露，“四人帮”为了搜罗陷害中央和地方领导同志的黑材料，竟在清华大学私设信访办事机构，“收受全国各地的来信来访，俨然另立了一个‘中央办公厅’”④。

（二）社会动员取向下的信访主要矛盾

社会动员方面的片面发展给信访工作造成了严重后果。最严重的后果

① 结合整风运动，加强处理人民来信来访工作．人民日报，1957－06－03（1）．
② 为简洁起见，下面引用该文件时不再注明出处。
③ 中共中央文献研究室．建国以来重要文献选编：第 17 册．北京：中央文献出版社，1997．
④ 新华社．从清华北大看“四人帮”篡党夺权的罪行．人民日报，1977－01－30（2）．

是，国家信访工作不但对群众的真实诉求缺乏了解和回应，而且无中生有地制造大量社会矛盾。社会动员取向的国家信访工作之所以会与民众的利益诉求发生严重对立，是因为民众的信访诉求主要是个人利益而非公共利益①，而国家的兴趣却是引导群众把注意力转移到国家所关心的整体利益和长远利益上来。因此，那些与国家期望相投的信访诉求容易引起国家重视，甚至被树为典型，从中大力挖掘超出当事人诉求的宏大政治意义；那些与国家兴趣相左的信访诉求则容易遭到忽视，甚至有被视为“落后”“反动”而遭到打击的危险。在此过程中，群众的信访诉求完全处于被选择的地位。随着国家政治天平的摇摆，同样一件信访诉求，随时可能被国家视为政治对立面而遭到忽视、排斥或打击，也随时可能被国家视为政治同盟军而受到重视和优待。要理解这一点，不妨回顾曾经轰动一时的“黄帅事件”。

黄帅是北京中关村一小的学生。1973 年 10 月，她给《北京日报》写信，希望《北京日报》能够派人来调解她与老师之间的矛盾。没想到，她的信被“中央文革领导小组”看中，并将她与老师的矛盾定性为“两个阶级、两条路线、两种思想的斗争”，她是在“向修正主义教育路线的流毒开火”②。在这种定性之下，黄帅以“反潮流英雄”的身份一路飞黄腾达，其老师则深受迫害。粉碎“四人帮”之后，政治风云突变，黄帅的老师被平反，黄帅则被视为“四人帮”的爪牙而受到政治审查。在该事件中，黄

① 刁杰成所著《人民信访史略》一书披露了国务院信访部门在不同时期所接到的各类信访活动的情况。陈荣光也披露了 20 世纪五六十年代北京市所接到的各类信访活动情况。尽管这些数据不够系统和完整，但仍不难发现，当时民众的主要信访诉求是解决个人利益问题。（刁杰成．人民信访史略．北京：北京经济学院出版社，1996；陈荣光．北京市人民来信来访工作史料一组．北京市档案史资料，2005（3).）

② 《人民日报》、《北京日报》发表黄帅来信和日记摘抄时所加的编者按语．人民教育，1974（1).

帅与老师之间的矛盾本来只是日常生活纠纷，把老师打成“修正主义的流毒”亦非黄帅的本意。但基于社会动员的需要，国家偏要小题大做，罔顾事实地发掘所谓“两个阶级、两条路线、两种思想的斗争”。经过国家的一番重新表述，黄帅本人的诉求以及事实真相已经不再重要，黄帅及其老师都被抽象成先进与落后、正义与邪恶的代表，黄帅的信访诉求于是被纳入这个新的框架来处理。在此过程中，像黄帅的老师那样被认为代表落后和邪恶的一方受到国家的严厉处置，而像黄帅这样被认为代表先进和正义的一方则受到优待，国家对其利益诉求的满足甚至超过她本人的要求。不过，这样一种吻合是不稳定的，于是随着政治气候的转变，黄帅马上成为国家的对立面，从获益者变成了受害者。

“黄帅事件”虽然只是一个极端事件，但正因为极端，所以将国家的社会动员取向与民众的利益诉求之间矛盾的发生机理展现得更加清楚。1957 年以后，随着大政方针越来越“左”，国家实施社会动员的兴致也越来越高，信访工作脱离群众实际、粗暴对待群众诉求的情况也越来越严重，遭到群众抵制自在情理之中。诡异的是，群众的抵制反过来却“佐证”了国家实施社会动员的正当性和必要性，助长了国家通过信访工作“扶正祛邪”的兴趣。如此恶性循环，信访工作非但不能化解社会矛盾，反而制造出更多、更严重的社会矛盾。所以，曾长期在国务院信访部门工作的刁杰成发现，群众信访活动的涨落与国家政治运动有着十分密切的联系：“政治运动开始的时候，群众发动起来了，投入了运动，来信来访的数量增多，其内容多是揭发问题，少数是反映运动中存在的问题，或是要求落实政策；到运动后期，要求落实政策的内容占多数，而且数量也比较大；运动结束后，在相当长的时间内，要求落实政策的内容比较集中，等落实政策基本结束后，来信来访的数量和内容又恢复正常。”[①]

（三）社会动员与信访制度建设

社会动员取向一方面造成严重的信访矛盾，另一方面却严重妨碍信访制度建设，从而使国家信访工作与群众信访需求的背离更加突出。

第一，社会动员取向秉持的革命化思维，使国家迷信革命觉悟是做好工作的决定性因素，因此，虽然在政治上把信访工作的地位提得很高，实践中却不太重视组织和制度建设。这主要表现在国家对设立专门信访工作机构和人员的态度一直十分勉强。1951 年，毛泽东在要求重视人民来信的同时，又对设置专人持保留意见：“如果来信不多，本人或秘书能够处理，则不要另设专人。”[②] 随后发布的“五一决定”，虽然明确要求“指定专人”，但要求限制“在原编制内”；到“五七指示”，信访机构的专门化又有所突破，要求“县以上人民委员会一定要有专职人员或者专职机构”，且未再要求“在原编制内”，但同时要求信访工作“实行专人负责和大家动手相结合的办法”，实际上是希望通过“大家动手”的办法尽可能减少专职人员和专职机构。到 1963 年，国务院颁布试行的《国家机关处理人民来信和接待来访工作条例（草稿）》，不但明确允许设立专职机构，而且对行政级别都做了规定[③]，但随着“文革”的爆发，这个规定被搁置。国家迟疑的态度严重影响信访体制的专业化进程，以致作为首都的北京到 1961 年仍然存在信访干部“兼职过多”、“处理信件要靠晚间突击加班”，不少公社把信访工作交给打字员、收发员兼管，领导干

---

① 刁杰成．人民信访史略．北京：北京经济学院出版社，1996：310.

② 中共中央文献研究室．毛泽东年谱：1949—1976：第 1 卷．北京：中央文献出版社，2013：343.

③ 刁杰成．人民信访史略．北京：北京经济学院出版社，1996.

部也不过问，错转乱转现象比较普遍等问题[①]。

第二，革命热情的膨胀使国家疏于探究信访活动和信访工作的规律，一方面低估群众信访活动的复杂性，另一方面又高估自身的威信和能力，致使很多制度安排严重脱离实际。一是不问是非、不顾条件地“方便群众”，不仅将接访地点直接安排在新华门，而且给信访群众提供食宿、报销往返车票，导致利用信访骗食骗宿骗车票的现象时有发生[②]。二是不顾部门分工地要求“多办少转”，即群众的信访到达哪一级，就由哪一级直接办理，尽量不转办。三是过分要求有信必复、有访必接。曾有群众先后去信十余次向周恩来总理报告自己发明了“阻声器”，未获回音而大表不满，国务院信访部门因此而受到严厉批评[③]。国家对该事件的处置虽然精神可嘉，但从效率的角度来讲实在没有必要。迫于现实压力，国家也曾对若干不切实际的制度安排做过修正。比如将接访地点从新华门迁至国务院西门，最后又迁至更偏远的陶然亭附近[④]；先是降低，最后取消对信访群众的食宿交通补助，还曾出台《关于防止来访人骗卖车票的暂行办法》等内部规定；将“多办少转”的原则修正为“分级负责、归口管理”；等等。但由于社会动员观念没有得到根本纠正，这些修正都是局部的、零碎的，并随政治气候的变化而时有反复。

第三，敌我观念浓厚的“人民信访观”严重妨碍信访制度的规范化和法治化。由于信访制度基本被定位为一种服务于革命的社会动员机制，而革命动员的首要问题又是分清敌我，因此，信访不是一体性地赋

---

① 北京市委党史研究室．北京市重要文献选编（1961）．北京：中国档案出版社，2005.

② 北京市委党史研究室．北京市重要文献选编（1965）．北京：中国档案出版社，2007.

③ 《习仲勋文选》编委会．习仲勋文选．北京：中央文献出版社，1995.

④ 中国行政管理学会信访分会．在光荣的信访岗位上．北京：中国民主法制出版社，1999.

予全体公民，而是只有公民中的“人民”才能享受的权利。对于被视为“敌人”的公民来说，信访不但是一种被剥夺的权利，而且是一种对其实行专政的手段。本着“人民信访”观念，“五一决定”专门规定，对“人民所提出的意见和问题”要认真办理，对“反动分子借人民名义向政府提出的带有挑拨性或试探性的问题”则不要理睬。“五七指示”也规定：“对于假借人民来信、来访名义，进行无理取闹的坏分子、诈骗犯”，要根据情节轻重“作适当的处理”。即是说，同样内容的来信来访，被判定为来自“人民”还是来自“敌人”，结局可能有天壤之别。由于“人民”是一个非常抽象的政治概念，不仅内涵随着政治形势而不断变化，而且没有一个明确和稳定的操作性标准，这就为一些人打击信访人或利用信访工作排斥异己提供了机会。“六三通知”最重要的目的之一就是要纠正这种现象，可见这种现象在当时非常普遍和严重。但“文革”的到来，不但使纠偏成为泡影，而且使问题愈演愈烈。因此之故，信访工作的规范化在改革前虽有一定进展，但都只限于登记、转办、检查、催办、存档等技术环节，在调整国家与社会的关系这个核心问题上，可以说没有丝毫进展。

社会动员方面的片面发展，使信访作为一种制度安排的合法性和有效性两败俱伤，严重背离国家创立信访制度的初衷。本来，根据党的群众路线，社会动员和社会管理这两个方面应该做到有机统一，即既要利用信访工作宣传国家政策，提高群众觉悟，使之认清和服从长期利益和整体利益，又要尊重大多数群众觉悟不高、总是从切身利益角度考虑问题的现实，把解决他们的个人疾苦放在重要位置，如此方能实现信访工作的合法性和有效性的良性互动。但社会动员取向的片面发展使信访工作严重背离社会期望，既使国家难以通过信访工作推动大政方针，又严重损害党和政府的威望，不管从合法性角度来说，还是从有效性角度来说都难以为继。

三、国家信访观念的调整与信访制度的科层化

“文革”以后，特别是1978年第二次全国信访工作会议以后，国家关于信访工作的主导观念迅速从社会动员取向向社会管理取向调整。促成这一转变的内因，是国家多年来频繁的社会动员，特别是“文革”，严重损害群众的切身利益，由此造成的社会矛盾严重地威胁到政治秩序和社会稳定，使国家无法再漠视群众的利益诉求，不能再把信访诉求动辄抽象到国家政治高度，而必须回到事实和当事人的诉求本身，务实地、实事求是地处理。当然，外部政治环境的改善，即国家大政方针从“以阶级斗争为纲”向“以经济建设为中心”的转变，也为信访观念的调整创造了条件。

（一）国家信访观念的调整

“文革”结束后，全国开始出现信访高潮，信访量大幅上升，来访量上升尤其明显[①]。为此，1977年9月4日，《人民日报》发表题为《必须重视人民来信来访》的评论员文章。该文虽然老调重弹，声称对“借信访为名进行翻案反扑、诬告陷害等反革命活动的阶级敌人”要坚决打击，但同时承认，信访工作“涉及群众的切身利益”，要求各地“打一场处理信访

① 刁杰成．人民信访史略．北京：北京经济学院出版社，1996；中国行政管理学会信访分会．在光荣的信访岗位上．北京：中国民主法制出版社，1999.

积案的'歼灭战'，并且抓好经常性的信访工作，使老案彻底清、新案及时办"[①]。这可说是国家信访观念转变的先声，表明国家信访观念正在朝社会管理取向调整。

面对不断高涨的信访浪潮，1978 年底，第二次全国信访工作会议召开。次年 10 月 22 日，《人民日报》发表评论员文章——《正确对待上访问题》。该文不但将"安定团结"列为信访工作的目标之一，而且破天荒地对信访群众提出警告，指出用闹事的办法施加压力，迫使国家突破现行政策规定的做法是十分错误的，也是根本做不到的，"不仅无理不能取闹，有理也不能取闹"[②]。从歌颂和鼓励群众来信来访，到为了维护安定团结而不惜公开警告信访群众，表明国家信访观念已经实现从社会动员取向向社会管理取向的调整。

图 6-1 从一个侧面印证了国家信访观念的转变：从 1951 年到 2009 年，《人民日报》关于信访的言论和报道不管是总篇数还是头版篇数都在不断上升，特别是 1997 年后上升尤其明显。这表明，国家对信访工作越来越重视，信访工作在国家政治议程中越来越常规化。但从头版率，即头版篇数占总篇数的比例来看，总体趋势却是下降的。大致以 1980 年为界，此前的头版率明显高于此后的头版率。同样一篇关于信访的文章是否置于《人民日报》头版，不仅表明国家对信访问题的重视程度，而且决定着社会影响的大小。从社会动员的角度来说，关于信访的报道或言论应尽量置于头版，以便引起社会注意，扩大社会影响；而从社会管理的角度来说，则应尽力避免引起社会对信访活动的关注和兴趣，置于头版显然是不明智

① 必须重视人民来信来访．人民日报，1977-09-04（2）.
② 正确对待上访问题．人民日报，1979-10-22（1）.

的。因此，头版率的显著下降体现了国家信访观念从社会动员取向向社会管理取向的调整。

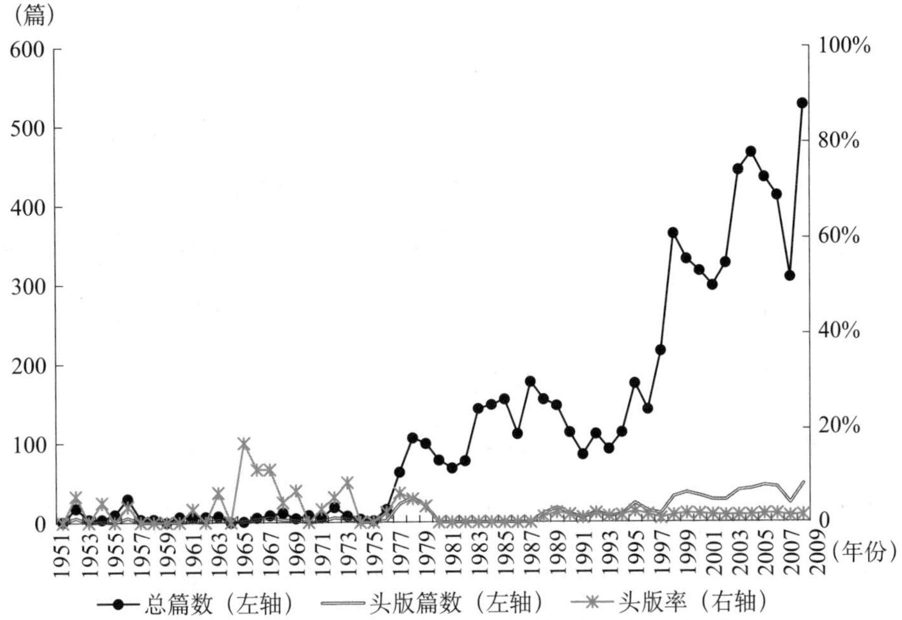

图 6－1　《人民日报》1951—2009 年关于信访的言论和报道

注：图中所使用的数据系作者根据历年《人民日报》整理得来。整理的方法是，利用“人民日报图文数据库”，以“来信”、“来访”和“信访”为关键词检索出所有含有上述字眼的报道和言论，然后逐篇检读内文，将其中虽然含上述字眼但实际与信访工作无涉的条目去掉，再按年份和版别编码处理。

（二）信访制度的科层化

国家信访观念的转变引起了信访制度建设的深刻变革。这集中表现在，国家努力扭转以往基于社会动员取向而来的革命化路线，积极推进信访制度的科层化。

首先是观念上的理性化。社会动员取向的淡出，使国家不再把某种革命理想和价值绝对化，进而轻率地否定现实的必然性和合理性，而是倾向于从常人可感知的经验现实出发，仔细研究事物发展的规律，然后选择最佳目标、最佳手段以及达到目标的最佳行动路线。思维方式的转变，使国家对信访活动的认识更加冷静和客观，信访工作更加理性和务实。如前所述，国家不再像以前那样片面地赞颂和鼓励群众信访，而是着力强调维护信访秩序，国务院还为此于1980年发布了《关于维护信访工作秩序的几项规定》[①]。与此同时，国家不再将信访活动简单地归咎于官僚主义或干部的违法乱纪，进而公开申斥，而只是平和地要求各级政府和干部要善于通过信访渠道“去听取群众的呼声，了解群众的疾苦……团结广大群众，改进我们的工作”[②]。这些情况表明，国家信访工作已经摆脱革命浪漫主义的影响，变得更加尊重现实，更加讲求效率。

其次是机构的专职化。对现实规律的尊重和对工作效率的追求，使国家勇于承认信访工作具有独立于政治要求的专业性，从而愿意根据合理分工而设立专职信访机构，自觉而持续地推进信访体制的专业化。国家于1982年发布的《党政机关信访工作暂行条例（草案）》对各级信访机构的设置做了明确规定[③]。对比“文革”前，该条例对专职信访机构的设立不但要求更为明确，而且分布更为普遍，行政级别也更高，由此奠定了中国信访体制的基本格局，即县级及以上党政机关和国有企事业单位设立专门机构、配备专职人员，县级以下党政机关至少应配备专职人员。1995年颁布和2005年修订的《信访条例》都肯定了这一原则，并做了更具约束力的规定。2007年，根据《中共中央国务院关于进一步加强新时期信访工作的意见》要求，县级及以上党政机关的信访工作机构

---

① 刘旭，聂玉春．信访工作手册．北京：高等教育出版社，1988.

② 正确对待上访问题．人民日报，1979-10-22（1）.

③ 刁杰成．人民信访史略．北京：北京经济学院出版社，1996.

从同级党政部门的办公厅（室）独立出来，信访体制的专职化程度进一步提高[①]。2022年，经中共中央政治局会议审议批准，由中共中央、国务院发布的《信访工作条例》，以及2023年国务院机构改革中将国家信访局由国务院办公厅管理的国家局调整为国务院直属机构，则延续并加强了这一趋势。

最后，化解社会冲突、维护社会稳定的强烈愿望使国家不再热衷于发现和树立社会对立，而是把更多的精力用于促进社会整合。为此，国家逐渐放弃敌我意识浓厚的“人民信访”观念，代之以“公民信访”观念。这一转变是在1995年《信访条例》中最终完成的。在该条例中，除了总则中象征性地提到“人民”“人民群众”等概念外，整个布局都是以“信访人”概念为中心展开的。相对于具有浓厚政治色彩的“人民”概念，“信访人”概念只是刻画提出信访事项的公民作为行政相对人这一法律事实，不包含任何政治含义。2005年《信访条例》修订时沿用了这个核心概念。核心概念从“人民”到“信访人”的变化，表明国家在信访权利的赋予上不再区别“人民”和“敌人”。显然，只有所有公民在人格上平等，包括政治意义上的“敌人”与“人民”在人格上平等，才有可能推进真正的法治。“公民信访”观念的兴起推动了信访工作的规范化和法制化：国家继1995年颁布《信访条例》之后，又在2005年做了修订；在此期间，各地政府也相继颁布和修订本地《信访条例》。2022年，在全面吸收融合2005年发布实施的《信访条例》内容的基础上，中共中央、国务院又发布实施了新的《信访工作条例》。

---

① 王学军．学习贯彻《中共中央国务院关于进一步加强新时期信访工作的意见》百题解读．北京：人民出版社，2008.

总而言之，1978 年以后，信访制度发展的根本性变化是国家信访观念从社会动员取向向社会管理取向的调整。观念的调整使信访制度建设迅速扭转此前的革命化趋势而稳步走向科层化。不过也要指出，信访制度到现在仍然留有社会动员取向的痕迹。比如，2005 年版《信访条例》第八条规定："信访人反映的情况，提出的建议、意见，对国民经济和社会发展或者对改进国家机关工作以及保护社会公共利益有贡献的，由有关行政机关或者单位给予奖励。"2022 年发布的《信访工作条例》第二十九条亦有类似规定。这表明，国家仍然希望通过信访制度吸引和激发群众参与国家所允许的公共事务。当然，随着信访观念的调整，这一取向对国家信访工作的实际影响已经微乎其微了，这正是当前信访制度普遍被视为一种社会管理机制的原因所在。

四、信访制度演进的历史规律

事物的发展都是由矛盾推动的。要揭示新中国信访制度的演变规律，首先必须揭示信访制度的内在矛盾。前已述及，根据群众路线的要求，国家信访工作应当做到社会动员和社会管理这两个方面的有机统一。但这种统一并不是抽象的，而是有约束条件的。既然信访制度的根本目标是调整国家与社会的关系，那么，社会对信访制度的期望以及相应而来的行为选择就构成国家开展信访工作的最重要的约束。对民众来说，国家推出的信访制度相当于提供了一个政治机会结构。利用该结构，民众可以名正言顺地提出政治参与要求或利益表达要求。首先，基于社会动员需要，国家是鼓励民众参与公共事务的。尽管国家希望这种参与是国家管束下的参与[①]，

---

① CAI Y. Managed participation in China. Political science quarterly，2004，119 (3).

但不管怎样，它为民众的政治参与打开了一道口子，提供了一个机会。因此，民众可以“响应国家号召”，通过信访渠道提出政治参与要求。与国家的社会动员工作一样，这一选择也是以增进公共利益为出发点和落脚点的，至少在形式上如此。其次，基于社会管理需要，国家信访工作承认个人利益的必要性和首要性。适应这一选择，民众可以利用信访渠道去维护个人的既得利益或期得利益。与国家的社会管理工作一样，这一选择也是以增进个人利益为出发点和落脚点的。表面上看，国家和社会各自围绕信访制度而展开的行为选择之间并无矛盾：民众要求参与政治，国家也希望他们参与政治；民众要求维护个人利益，国家也承认个人利益的合理性和优先性。但问题是，国家无论如何强势，都不可能完全掌握和顺应民众的选择。于是，在信访实践中，国家的每一种选择与社会的每一种选择之间都有可能发生矛盾（见图 6－2）。根据其构成，可以将这些矛盾划分为 A、B、C、D 四种基本类型。

		国家选择	
		社会动员	社会管理
社会选择	利益诉求	(A) 民众只有利益诉求，国家追求的却是政治目标。两种目标一旦契合不佳，即会产生矛盾	(B) 双方都把信访事件理解为单纯的利益纷争，但对解决利益冲突的方式和结果有分歧
	政治参与	(D) 双方都认为应该鼓励民众的政治参与，但对政治参与的方向和方式存在争议	(C) 国家倾向于把信访事件界定为单纯的利益纷争，民众却倾向于把问题政治化

图 6－2　信访矛盾的基本类型

首先是国家的社会动员与社会的利益诉求之间的矛盾，即图 6－2 中的 A 类。主要表现为：民众从个人利益需要出发，希望国家能够直面自己已经或可能受到的利益损害，并没有什么政治追求；国家却基于社会动员需要，把简单的利益纷争上升到国家政治高度，根据国家的政治需要去解释和处置。在政治逻辑主导下，国家对事件的回应也许会达到甚至大大超过当事人的要求，但这种契合随时可能因国家政治需要的转变而瓦解，甚至对立。一旦出现这种情况，即会产生矛盾。

其次是 B 类，即国家的社会管理与社会的利益诉求之间的矛盾。在这类矛盾中，民众只有单纯的利益追求，国家也倾向于把信访事件当作单纯的利益矛盾来处理，但双方对解决的方式和结果有分歧。比如一个强调程序正义，一个强调实体正义，于是产生矛盾。

再次是 C 类，即国家的社会管理与社会的政治参与之间的矛盾。在这类矛盾中，国家倾向于把信访事件界定为单纯的利益诉求，希望调用既有的利益调处机制来解决，但民众却基于政治参与的需要，倾向于把问题政治化，希望突破既有的利益调处机制用政治手段来解决。所谓“政治手段”，既包括被国家所承认但尚未落实为具体制度或规定的政治理念，也包括不被国家所认可的体制外抗争。

最后是国家的社会动员与社会的政治参与之间的矛盾，即 D 类。在这类矛盾中，双方在允许民众为公共利益而参与政治这个问题上有共识，但由于对什么是公共利益、怎样维护公共利益等问题的理解不同，从而在政治参与的方向和方式上存在争议。

由于上述矛盾的存在，国家关于信访制度的意图和构想，不管是社会动员取向的，还是社会管理取向的，在实践中都不可能完全达到预期目的，因而会发生非期然后果。非期然后果，特别是其中的负面后果，促使国家对信访制度进行调整，从而推动着信访制度的演进。新中国成立以来信访制度演进的历史趋势和规律可用图 6－3 来表示。

		1951–1978年	1978–2000年	2000年之后
信访主要矛盾	国家选择	社会动员	社会管理	社会管理
		A →	B →	B→C
	社会选择	利益诉求	利益诉求	利益诉求→政治参与
信访制度建设	国家作为矛盾的主要方面主导着信访制度建设，但受到社会选择的制约	迅速建立并确立政治地位，但日益脱离社会实际，最终遭遇严重挫折	基本满足群众的信访需求，国家得以稳定地推进信访制度的科层化，但逐渐落后于形势变化	国家怎样回应当前信访矛盾正在从B类向C类转变的形势，将在很大程度上决定信访制度建设的走向

图 6－3　新中国成立以来信访主要矛盾的转变与信访制度的演进

大致可以说，在 1951—1978 年间，信访主要矛盾是 A 类，即国家的社会动员与社会的利益诉求之间的矛盾。在该矛盾中，国家关于社会动员的观念和选择主导着信访制度的发展。在社会动员取向驱动下，国家在政治上高度重视信访工作，这一方面使信访制度迅速确立作为国家政治制度的政治地位，另一方面也使信访制度不能有效回应民众对个人利益的追求。吸取这一教训，“文革”结束后，国家信访工作的主导观念转为社会管理取向，从而使信访主要矛盾从 A 类转变为 B 类（即国家的社会管理与社会的利益诉求之间的矛盾）。在这一矛盾中，国家与社会的主要分歧出现在技术层面，即利益纷争到底应该采取什么方式来调处，要达到什么结果才算理想。正因为没有根本分歧，国家与社会的对立较弱，所以国家能够基本按照自己的意志持续而稳健地推进信访制度的科层化。

大约从世纪之交开始，随着住房、医疗、教育等攸关民生的改革渐次开展，国家与社会之间的这样一种“共识”开始受到挑战，于是信访主要矛盾开始发生从B类向C类（即国家的社会管理与社会的政治参与之间的矛盾）的转变。造成这一转变的根本原因在于，随着改革逐渐步入深水区，涌入信访渠道的大量社会矛盾既是一个民生问题，也是一个政治问题。这要求国家必须从政治高度对社会利益格局做出战略性和前瞻性调整。改革开放前，在社会动员取向主导下，国家倾向于把一切社会问题都视为政治问题并用政治手段去解决，这固然是极端的，但当前在社会管理取向主导下，国家似有走向另一个极端的趋势，即把一切社会问题都视为经济问题并用经济手段去解决。如果说在改革开放之初，这样一种处理手法尚算顺应社会形势的话，那么，随着最近十余年来社会利益格局的深层调整问题日益突出，其局限也就暴露得越来越明显。最大的局限在于，它使国家不能直面社会问题的政治性质。

更令人困扰的是，与国家竭力去政治化的努力相反，信访制度本身在设计上却为社会的政治动员提供了方便。尽管多年来国家已几乎不再利用信访制度进行社会动员，但并不能阻止民众利用信访制度进行政治动员。原因在于，基于群众路线的基本精神，民众本来就有利用信访渠道进行政治参与的政治合法性，而群众路线又是比国家目前秉持的社会管理理念更上位的、更有政治约束力的意识形态路线。这也是1995年及以后历次修订的信访工作条例从程序正义观出发企图禁止越级上访，但仍然禁而不止的根本原因。因为从群众路线来说，越级上访既是信访制度相对于司法制度的“优势”，也是群众应有的“权利”。就这样，国家信访工作常常陷于“左右互搏”的尴尬境地。而这一困境又为一些人利用信访问题要挟甚至敲诈国家提供了政治机会。

当然，当前C类矛盾中民众政治参与行为的形成，情况很复杂。大体来说有四种：一是信访民众本来就有政治意识，因此主动利用信访制度提出政治要求；二是信访民众本无政治意识，但国家大事化小的处置办法使其合理诉求得不到有效解决，其政治意识在申诉和抗争过程中逐渐觉醒，于是把信访事端上升为政治问题；三是抓住国家急欲去政治化的心理，故意反其道而行之，非要把有关事端上升到政治高度，实际上是把政治化作为一种问题解决策略；四是本来没有遭受不公或不义，却恶意制造蒙受不公平对待的假象，然后利用国家面临的政治压力对国家进行敲诈[①]。在上述四种情况中，当事人尽管动机各异，但都是利用政治压力逼国家“就范”，客观上和形式上都具有政治动员和政治参与的性质，因此最终都表现为国家的社会管理选择与社会的政治参与选择之间的矛盾。与以往一样，作为信访矛盾中的主要方面，国家如何回应当前的信访矛盾形势，将在很大程度上决定信访制度和信访矛盾在今后的走向。

① 广东等地近年出现的名为“工闹”职业犯罪团伙，就是这方面的例子。（蒋铮，张卉．“工闹”真相．羊城晚报，2011－11－04（A6).）

第七章

群体性事件与维护社会稳定

维护社会稳定，即通常所谓“维稳”，在过去数年中逐渐上升为国家最重要的政治日程之一。维稳的重心是防范和化解群体性事件，群体性事件因此成为国家布局维稳工作的中心概念。群体性事件概念实际上凝结着国家对当下社会秩序的反思和对未来社会秩序的期许；正是在这些反思和期许的牵引下，国家的维稳实践方得以展开。维稳已经并将继续对中国社会产生深远的影响，研究意义不言而喻。而要研究中国的维稳实践，就必须深入理解国家感知、思考和应对社会冲突的模式。在这个问题上，凭借其在国家维稳话语中的中心地位，群体性事件概念无疑是一个很好的入口。要言之，不切实理解国家的思维，就不能真正把握国家的行为，考辨群体性事件概念的衍生有助于更好地理解国家治理社会冲突的方略及其变迁。

一、从“闹事”到群体性事件的概念变迁

1990年代以来，中国社会稳定问题进入海内外学术研究的视野，并迅速崛起为一个热点。在威胁社会稳定的诸种事项中，所谓群体性事件无疑是威胁最大者，自然也就成为社会稳定研究中最重要的主题之一。然而，在火热的群体性事件研究中，群体性事件概念的衍生及其历史逻辑却未引

起足够重视，相关研究十分薄弱。

单就历史轨迹而言，群体性事件概念有一个从无到有，再从治安概念到政治概念的演进过程：1949 年新中国成立以后，作为客观现象的群体性事件早就在发生，并被国家当作一个重要问题来处理，但国家并未创制一个专门的、正式的概念，而是以口语“闹事”名之。直到 1994 年，国家才开始使用群体性事件概念来总括此类现象。在这个意义上，“闹事”是群体性事件概念的前世。而群体性事件最初也只是公安系统用以描述其工作日程的一个治安概念，后才随着形势的变化而上升为一个政治概念。下面展现这个历史过程。

（一）群体性事件的前身——“闹事”

群体性事件概念虽然迟至 1994 年才诞生，并不意味着群体性事件现象从那时才有。事实上，从 1956 年下半年开始的半年内，“工人罢工、学生罢课、群众性的游行请愿和其他类似事件，比以前有了显著的增加。全国各地，大大小小，大约共有一万多工人罢工，一万多学生罢课”[①]。罢工、罢课、游行请愿等类事件如果放到现在，无疑会被称为群体性事件，但在当时，国家并未为其创制一个专有名词，而是援用日常用语，统称为“闹事”。

关于这一点，充分的证据是，毛泽东曾专门针对上述事件做过一个后来题为《关于正确处理人民内部矛盾》的讲话。在整个讲话中，毛泽东一直将上述现象统称为“闹事”。其中专门讨论此问题的第九部分，区区千

---

① 中共中央文献研究室．建国以来重要文献选编：第 10 册．北京：中央文献出版社，1994：154.

余字，却十余次使用“闹事”字眼，而标题直接就是“关于少数人闹事问题”[①]。为了处理这些问题，1957年3月，中共中央发出《关于处理罢工、罢课问题的指示》，同样以“闹事”总称此类现象[②]。差不多同一时期，刘少奇在题为《如何正确处理人民内部矛盾》的讲话中使用的概念也是“闹事”[③]。这样一种概念使用传统一直延续到1980年代。这典型地表现在，1978年前后，云南西双版纳和新疆阿克苏等地发生了几次规模极大的知青请愿，邓小平在讲话中称之为“支边青年的闹事”[④]。

笔者查在线词典《汉典》（http：//www. zdic. net）发现，“闹事”是一个贬义词，意为“制造事端，聚众生事”，早在19世纪末的著名小说《二十年目睹之怪现状》中即已出现。又用谷歌书籍词频统计器（Google Books Ngram Viewer）检索“闹事”发现，该词在1949年以前的使用频率较低，只在1937—1939年有一个小高峰，而1949年以后则使用比较频繁，尤其1951年，更是异峰突起，为其他年份的数倍至数十倍。这个突起当是新中国成立之初大规模镇压反革命运动在话语上的反映。如果只观察1951年以后的使用情况，则可发现，其使用有这么几个高峰：一是1956—1957年，可能与上文所说的当时罢工、罢课、游行、请愿等事件比此前显著增加有关。二是1966—1970年间，显然与“文革”有关。三是1977—1979年期间，可能与“文革”后进京上访急剧增加有关。四是1987—1992年期间，也与重大事件的发生有关。由此可见，第一，在彼时，“闹事”确实是一个描述社会冲突现象（自然也包括后来所谓群体性

① 中共中央文献研究室．毛泽东文集：第7卷．北京：人民出版社，1999：236－237.
② 中共中央文献研究室．建国以来重要文献选编：第10册．北京：中央文献出版社，1994.
③ 中共中央文献研究室．建国以来重要文献选编：第10册．北京：中央文献出版社，1994.
④ 邓小平．邓小平文选：第2卷．2版．北京：人民出版社，1994：370.

事件）的常用词。第二，1949年以后，“闹事”一词的使用同样多与负面事件相联系，其含义同样是负面的。

笔者从谷歌书籍词频统计器的检索结果中同时发现，1992年以后，随着市场化改革的大踏步推进，“闹事”现象在客观上是急剧增加的，但“闹事”一词的使用在总体上却呈下降趋势。原因何在？后文将揭示，这与国家有意识地抛弃“闹事”概念，转而使用其他概念有关。其中最重要的替代概念，便是目前所见的群体性事件。

（二）群体性事件作为治安概念

有学者研究发现，群体性事件概念最早出现于1994年[①]。这一发现同样得到中国知网数据的支持。中国知网是目前最大最全的中文电子文献数据库，所收录的文献涵盖期刊、学位论文、会议、报纸、年鉴、图书、专利、标准、成果等多种类型。用中国知网的检索结果来追寻该概念的形成应该是可靠的。同时，为了进一步保证可靠性，这里中国知网的检索结果均经过中国共产党思想理论资源数据库数据的校验和确认。鉴于该数据库所收录的内容覆盖国内出版的所有马列经典著作、党和国家主要领导人所有著作、公开发表的所有中央文件文献、国家所有法律法规，以及党的思想理论领域所有知识点，同时收录大量研究性著作、党史和国际共运史著作、重要人物资料，经过其校验并确认的数据结果当是准确和有效的。

从检索结果来看，群体性事件一词最早出现于公安部主办的《人民公安》。该刊在1994年第5期的评论员文章《竭尽全力稳定治安》中讲到，1994年社会治安形势严峻，表现之一便是“影响社会稳定的群体性事件增

---

① 肖唐镖. 当代中国的“群体性事件”：概念、类型与性质辨析. 人文杂志，2012（4）.

多”；为稳定治安，各级公安机关要着重抓好五个方面工作，其中第四个方面便是“认真做好预防和妥善处置群体性事件的工作”[①]。这是公开文献中首现群体性事件概念。以此为开端，群体性事件概念逐渐传播开来。

为了解群体性事件概念的扩散情况，本书对 1994—2014 年中国知网文献使用群体性事件概念的情况，包括期刊论文、学位论文和新闻报道，做了统计分析，结果如图 7－1 所示。在该概念首次出现的当年即 1994 年，明确使用该概念的文献仅有 11 篇（见表 7－1），此后逐年攀升，2010 年达到顶峰，6 055 篇，然后逐年下降，但到 2014 年仍有 4 348 篇。1994—2003 年间累计则有 46 467 篇之多。从年递增速度来看，有两个高峰，一个是 1998—1999 年间，另一个是 2005—2006 年间。

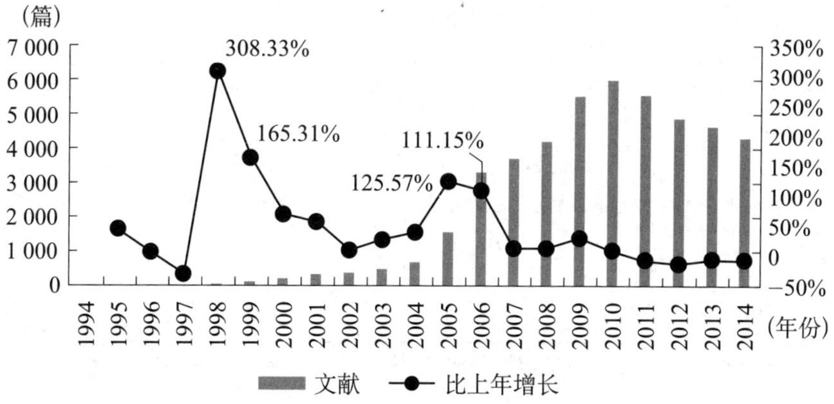

图 7－1　中国知网文献中群体性事件概念的使用情况（1994—2014）

表 7－1　1994 年使用群体性事件概念的文献概况

序号	题目	作者	单位（及职务）	期刊
1	竭尽全力稳定治安	本刊评论员	公安部人民公安报社	人民公安

① 本刊评论员．竭尽全力稳定治安．人民公安，1994（5）．

续表

序号	题目	作者	单位（及职务）	期刊
2	关于妥善处置群体性事件维护社会稳定的思考	李进武	山东省烟台市公安局办公室副主任	山东公安丛刊
3	关于当前社会治安问题的调查与思考	黄松禄	福建省公安厅党委书记、公安厅厅长	公安研究
4	关于当前影响社会稳定的不安定因素的调查	—	山西省公安厅三处	警学研究
5	正确处理群体性事件，认真做好维护社会稳定的工作	郭永运	广西壮族自治区公安厅	政法学报
6	关于台州地区农村社会治安的调查报告	叶德宇	浙江省综治委调查组	青少年犯罪问题
7	试论城市公安局决策指挥系统建设的原则	王秀全	河南省南阳市公安局	河南公安学刊
8	关于河南农村社会治安的调查与思考	王济晟	河南省公安厅	河南公安学刊
9	当前企业不安定因素及对策	任金贤	四川省南充市公安局顺庆区分局局长	公安大学学报
10	市场经济条件下人民内部矛盾和群体性事件及其处置	黄光祖	江苏省泰州市公安局	公安研究
11	浅析几种经济利益矛盾引发的群体性事件	郑训斌	福建省福清市公安局	公安研究

注：根据中国知网数据库汇编和整理。为简便计，凡有多位作者的只列出第一作者，有副标题的亦省去。

进一步观察发现，最初使用群体性事件概念的作者绝大多数来自公安系统，且其作品基本发表在各级公安部门机关刊物或其所属警政院校的学报上。根据对中国知网的检索，在群体性事件概念产生后最初两年内使用该概念的全部27篇文献中，除1篇文献的作者情况不详外，其余26篇的作者全部来自公安系统，并且绝大多数来自一线。这一点从表7-1文献中亦可管窥。这一事实表明，群体性事件最初只是公安部门用以描述某种治安现象的一个治安概念。

（三）群体性事件上升为政治概念

群体性事件超出公安系统并进入国家政治议程，是1990年代末的事。1998年12月7日，江泽民在中央经济工作会议上指出："我国改革和发展正处在关键时期，经济和社会生活出现了一些从来没有遇到过而又绕不开的问题……近年来，因这类问题处理不当引起的群体性事件时有发生，虽然经过做工作大部分都被化解了，但牵扯了一些部门和地方很大精力。"[①] 从公开的文献来看，这是国家最高领导人首次在正式讲话中使用群体性事件概念。后不久，中央办公厅、国务院办公厅即下发首个专门关于预防和妥善处置群体性事件的中央文件（中办发电〔1999〕13号）[②]，标志着防范和化解群体性事件已经从部门性议程上升为国家性议程。在图7-1中，群体性事件概念在1998年和1999年分别比上年增长了3.08倍和1.65倍，形成第一个增长高峰，其原因正在于此。

国家对组织结构的调整更加鲜明地体现了防控群体性事件从部门性议程上升为国家性议程的事实。2003年，胡锦涛提议建立中央处理信访突出问题及群体性事件联席会议制度。联席会议包含28个成员单位，设6个专项工作小组，以及3位"共同召集人"[③]。显然，联席会议是一个远远超出公安系统的组织机构。2004年，中共中央办公厅、国务院办公厅转发《关于积极预防和妥善处置群体性事件的工作意见》（中办发电〔2004〕33

---

① 中共中央文献研究室．十五大以来重要文献选编：上．北京：人民出版社，2000：662-663.

② 中央政法委研究室．维护社会稳定调研文集．北京：法律出版社，2001.

③ 王学军．学习贯彻《中共中央国务院关于进一步加强新时期信访工作的意见》百题解读．北京：人民出版社，2008：286.

号），根据该文件要求，地方也相继建立联席会议制度[①]。至此，处置群体性事件进一步从概念上落实到组织上，作为一项超公安系统的国家政治日程的地位彻底确立。因此之故，如图 7－1 所示，2005—2006 年间群体性概念的使用分别比上年增长 1.26 倍和 1.11 倍，形成继 1998—1999 年之后的又一个增长高峰。

随着处置群体性事件上升为国家性议程，群体性事件概念不可避免地走出公安系统，从治安概念上升为政治概念。群体性事件本是公安系统最先创造和使用的，但它既已上升为一个意涵更为复杂的政治概念，那么，只是政治系统组成部分之一的公安部门就必须相应调整，将自己的工作内容限定在某一类而不是全部群体性事件上，以免与国家其他部门的工作范围发生冲突。果然，在中央办公厅和国务院办公厅于 1999 年发出关于预防和妥善处置群体性事件的专门文件之后，公安部于 2000 年 4 月发布的《公安机关处置群体性治安事件规定》，就主动将自己的工作范围限定为群体性治安事件，以与群体性事件相区别[②]。这样一种概念使用上的调转，正是群体性事件从治安概念转变为政治概念的反映。

群体性事件作为治安概念与作为政治概念的根本差别在于对问题的定性不同：在治安概念中，群体性事件被看作局部社会失序的表现，无关大局；而在政治概念中，则被认为是社会发生全局性异动的结果，如果掉以轻心，会危及整个政权和社会系统的安全。相应地，前者认为，处置群体性事件主要由公安部门出面恢复、加强或优化社会管理即可；后者则认为，群体性事件不是公安部门一家能够应对的，它是整个政治系统都必须

① 赵百川．信访联席会议是解决信访突出问题的一种有效形式．西安市人民政府公报，2005（5）.
② 杨景宇，李飞．中华人民共和国治安管理处罚法释义．北京：中国市场出版社，2005.

面对的重大议题，必须由国家出面重振社会结构，包括调整阶级阶层关系，以及国家与社会的关系。一言以蔽之，群体性事件从治安概念到政治概念的变化，意味着国家对问题的定性更严重，从而应对更积极，卷入的国家部门也更多、更复杂。

概念产生于社会实践的需要并反映着社会实践的变化。群体性事件概念从无到有、从治安概念到政治概念的演变过程，实际上是1980年代以来三次集体抗争浪潮在国家观念上的表现。下面按历史阶段展示这一过程。

二、第一次集体抗争浪潮与“闹事”概念的退场

像人一样，国家对事物的理解和应对也有一个学习过程。在早年，群体性事件虽然频频发生且规模甚大，但革命问题和发展问题先后占据着国家的注意力，防控集体抗争从未进入国家思虑的中心，自然不会为之创制专门的概念。第一次集体抗争浪潮的一个重要结果，就是它打破了国家的上述思维方式，促使国家把稳定问题提上政治日程，维稳政治得以发轫。维稳政治的发育，为国家放弃“闹事”而另取群体性事件概念，并最终将其从治安概念上升为政治概念打开了通道。

（一）“闹事”概念与国家取向

如前所述，“闹事”并非国家创制的专门名词，而是一个带贬义的日常用语。面对后来被证明非同小可的群体性事件现象，国家直接援用一个日常用语来表述，显示国家十分轻松，不像现在那么忧心。事实确乎如此。

在《关于正确处理人民内部矛盾》的讲话中，毛泽东对群众闹事问题的论述颇为洒脱：“在我们的社会中，群众闹事是坏事，是我们所不赞成

的。但是这种事件发生以后，又可以促使我们接受教训，克服官僚主义，教育干部和群众。从这一点上说来，坏事也可以转变成为好事。乱子有二重性。我们可以用这个观点去看待一切乱子。”①

《中共中央关于处理罢工、罢课问题的指示》更加灵活。《指示》提出了处理此类事件的若干方针，其中第一条是：“允许群众这样作，而不是禁止群众这样作。”第二条是：“群众既然要闹，就应该让他们闹够，不要强迫中止，以便使群众在闹事的过程中受到充分的教育，作为补偿平时思想政治教育缺乏的一种手段。”还说：“在群众已经非闹事不可的时候，党委应该指定一部分党员甚至全体党员参加，以便掌握领导，联系群众和教育群众，不使群众被坏分子引向错误道路。党员应该积极支持群众的真正合理的要求，而不要为官僚主义分子的恶行和上级的错误措施辩护。”②

国家之所以如此轻松，是因为它对自己的政治合法性和掌控能力非常自信，因而未把稳定问题放在眼里。在国家的选择中，1978 年以前，首要的政治议程是革命问题。在这样一种问题意识驱动下，群众闹事不但不是个问题，甚至是个契机——正好不破不立，变坏事为好事。正是基于这样一种观念，才会有上面提到的让群众在闹事中接受教育、让党员参与群众闹事以便适时引导群众等方针和原则。

1978 年以后，“不断革命”的政治理念虽然退场，但取而代之的是发展问题，仍然没有稳定问题的位置。当时国家对政治局势并非不重视。早

---

① 中共中央文献研究室．毛泽东文集：第 7 卷．北京：人民出版社，1999：237－238.

② 中共中央文献研究室．建国以来重要文献选编：第 10 册．北京：中央文献出版社，1994：161－163.

在 1979 年，邓小平就明确提出要坚持四项基本原则[①]。但直到 1980 年代末以前，国家对政治局面的追求都是安定团结，而非稳定。邓小平在 1979 年那篇题为《坚持四项基本原则》的著名讲话中，反复重申的政治目标也是安定团结。作为政治日程，安定团结与稳定之间有着微妙但却重大的差别：前者致力于实现全社会从行为到思想的高度协同，后者则只强调社会不发生大的动荡。尽管后来的事实证明，稳定在当时已是一个问题，但国家在设置政治议程时却舍稳定而就安定团结，显示国家非常自信，以致未对稳定问题引起足够重视。

1989 年 2 月，邓小平在会见美国总统布什时讲："中国的问题，压倒一切的是需要稳定"[②]，才首次把稳定提到"压倒一切"的高度。而现在世人皆知的"稳定压倒一切"这句口号，首次出现则已经是当年 10 月[③]。这表明，邓小平此时才充分地认识到稳定问题的重要性。

正是基于高度的政治自信，国家才敢于居高临下地看待罢工、罢课、游行、请愿等现象，轻松而略带贬抑地称之为"闹事"，并不担心因此而冒犯群众。

（二）国家的转变与维稳政治的起步

国家对闹事现象的上述认知和态度最终被来自社会的集体抗争打破。关于 1949 年以后中国的集体抗争形势，学界从不同角度有不同的判断[④]。

---

① 邓小平．邓小平文选：第 2 卷．2 版．北京：人民出版社，1994.

② 邓小平．邓小平文选：第 3 卷．北京：人民出版社，1994：284.

③ 邓小平．邓小平文选：第 3 卷．北京：人民出版社，1994：331.

④ 赵鼎新．社会与政治运动讲义．2 版．北京：社会科学文献出版社，2012；刘能．当代中国群体性集体行动的几点理论思考．开放时代，2008（3）；刘能．当代中国转型社会中的集体行动：对过去三十年间三次集体行动浪潮的一个回顾．学海，2009（4）.

本书综合考虑诉求、参与者和组织性等基本特征，将改革开放以来的集体抗争区分为三次浪潮。其中，第一次集体抗争浪潮发生在 1978 年至 1980 年代末，此次浪潮主要有三个特征：一是精英性，即参与者主要是大学生和知识分子，他们在当时是社会精英；二是政治性，即诉求具有鲜明的政治性，主张中国走资本主义道路；三是规模大，即动员范围广泛，动辄席卷全国，以致演变为规模极大、影响极深的政治风波。随着风波的平息，第一次集体抗争浪潮也走向终结，直到 1992 年发生第二次集体抗争浪潮。

第一次集体抗争浪潮在国家方面最重要的结果之一，就是目前所见的维稳政治开始形成。这首先表现在，国家对“闹事”和稳定问题越来越敏感，开始把维稳提上政治日程。第一次集体抗争浪潮实际上强制刷新了国家的自我意识，使之认识到自己的政治合法性和政治效能已经或正在面临挑战。这样一种自我意识的更新，为国家放弃贬义的“闹事”概念而另创新词奠定了思想基础。据肖唐镖统计，自 1980 年代末，国家关于集体抗争现象的概念逐渐变得五花八门，“闹事”概念的使用则日见其少[①]。原因正在于此。

基于对稳定问题的重新认知，国家的社会冲突治理开始从临事反应转向平时预防。为此，国家着手恢复、统一和强化政法委员会（以下简称“政法委”）。政法委在中央层面上是一个在新中国成立之初就存在的政治机构[②]，但其隶属、职能和构成迭有变化。1988 年 5 月，中共中央甚至撤

① 肖唐镖．当代中国的“群体性事件”：概念、类型与性质辨析．人文杂志，2012（4）.

② 中共中央组织部，中共中央党史研究室，中央档案馆．中国共产党组织史资料：附卷 1：上．北京：中共党史出版社，2000.

销中央政法委员会，改设中央政法领导小组，并且“不设办事机构，列入公安部编制”[①]。1990年4月2日，中共中央发出《关于维护社会稳定加强政法工作的通知》。《通知》开宗明义指出，动员全党和社会力量竭尽全力维护社会稳定是今后一个时期政法工作的基本指导方针。为此，“中央决定，恢复中央政法委员会，适当调整其职责任务，各地党委政法领导机构的名称统一为政法委员会，并加强必要的建设。各地党委政法委员会的职责任务，可以参照中央政法委员会的职责任务，由各省、自治区、直辖市党委确定”。同时，《通知》明确规定：“各级政法委员会都要有同级人民政府负责人中的一位副职参加。政法委员会书记要由同级党委中的一位常委或副书记担任。”[②]

随后，中央政法委不断增设机构、扩大编制，被赋予的职权也越来越多，越来越大[③]。在政法委获得的权力中，既有统一思想和行动等虚权，更有管人、管事、管案件的实权，包括：对一定时间内的政法工作做出全局性部署，并督促贯彻落实；监督和支持政法各部门依法行使职权，指导和协调政法各部门密切配合，“研究和讨论有争议的重大、疑难案件”，“组织推动社会治安综合治理工作”，“研究、指导政法队伍建设和政法各部门领导班子的建设”；等等。

任何观念和规则必须依托于一定组织的执行才能落地，也才能得到更为持续和稳定的实施。从上到下统一建立和健全政法委，意味着国家力图

① 中共中央组织部，中共中央党史研究室，中央档案馆．中国共产党组织史资料：第7卷：上．北京：中共党史出版社，2000：224.

② 中共中央文献研究室．十三大以来重要文献选编：中．北京：人民出版社，1991.

③ 中共中央组织部，中共中央党史研究室，中央档案馆．中国共产党组织史资料：第7卷：上．北京：中共党史出版社，2000.

把对稳定问题的新认知和新策略落实到组织上。维稳从此有了领导核心，以及具体的执行者和推动者。后来的历史也证明，政法委在统筹和推动维稳工作方面扮演着核心角色。而其发端，正在于此。

概言之，第一次集体抗争浪潮迫使国家重新定位自己与社会的关系，以政法委为核心的维稳政治体系于斯发轫。这对群体性事件概念的形成和发展来说，其意义在于：第一，国家对自身政治合法性和局势控制能力的重新审视，为闹事概念退场并推出一个更为中性和审慎的替代概念准备了思想条件。第二，维稳政治在观念和组织上的初成，使国家各级各类部门的注意力开始得到有效的定向，并逐渐营造出一种重视稳定的集体意识。这种集体意识为国家创制和接受群体性事件概念奠定了心理基础。第三，正是沿着维稳政治体系所提供的组织渠道，公安机关方能把自己的兴趣和概念输送到国家政治中枢，从而把群体性事件从治安概念提升为政治概念。

三、第二次集体抗争浪潮与群体性事件概念的诞生

1992 年邓小平南方谈话后，中国改革进入新阶段，同时迎来了第二次集体抗争浪潮。正是这次浪潮催生了群体性事件概念。

（一）第二次集体抗争浪潮及其特征

第二次集体抗争浪潮大体发生在 1992—1998 年，并表现出草根性、非政治性、小规模、分散性等不同于第一次浪潮的新特征。

第二次集体抗争浪潮的主要内容是农民抵制“三乱”（乱收费、乱摊派、乱提留），以及下岗工人争取工作和生活条件的集体行动。第一次集体抗争浪潮的参与者主要是大学生和知识分子，此次浪潮的参与者主要是

农民和工人。相对于大学生和知识分子，农民和工人无疑是草根阶层。参与者构成的变化是市场化改革的必然结果——市场化意味着人力资本吃香，这相对有利于大学生和知识分子，而不利于工人和农民。当时，在农村，“三乱”造成农民负担过重，干群关系紧张；在城市，工人失业、下岗的问题也越来越突出。

这些问题把工人和农民推上街头，成为集体抗争的主力。据1994年江苏省泰州市公安局的一份研究报告：“从群体性事件参与者所占的比例看，企业职工（含离退休人员）占50%，农民占30%，个体经营人员占5%，家庭及亲友人员占13%，社会闲杂人员占2%。”也就是说，参与者本人是工人和农民的，合计占到80%；再加上他们的“家庭及亲友人员”，则达到93%[①]。

一个群体的抗争方式深受其动员能力的影响。比起大学生和知识分子，工人和农民的动员能力无疑要差得多：一是他们无力建构一个能够统合不同人群、事件、地域和历史情境的大型意识形态；二是对他们来说，要找到一种组织形态，以便高效地获取和使用抗争所需要的人力、物力和财力等资源，也相当艰难。这决定了第二次集体抗争浪潮的非政治性和非组织性。所谓非政治性，是指抗争诉求始终停留在经济层面——农民要求减轻负担，工人要求工作和生活保障。非组织性则表现在，抗争通常是在强烈的情感驱动下临时爆发，在时间和空间上都比较离散，组织化程度低，规模也比较小。据泰州市公安局前述报告中的数据推算，当时当地平均每场群体性事件的人数不超过50人。该报告还描述，群体性事件的发

① 黄光祖，李昱．市场经济条件下人民内部矛盾和群体性事件及其处置．公安研究，1994（6）．

生和发展过程“一般维持3到4小时，极少数有一定骨干和幕后操纵者的群体性事件，通过做工作，最长的也仅维持两昼夜”①，显示出当时群体性事件的非组织性和短促性。

（二）群体性事件概念的创制

第二次浪潮中的集体抗争，通常的表现形式是围堵围攻、集体上访、打砸抢烧等骚扰性或破坏性行为，不涉及政治诉求。也就是说，没有立即的、明显的政治性。然而，国家在1994年上半年就针对性地提出了群体性事件概念。此时距1992年邓小平南方谈话不过两年时间，距正式宣布确定建立社会主义市场经济体制的十四大召开只有一年半时间。在如此短的时间内，市场化改革尚未全面展开，因此而引发的集体抗争也才刚刚露头。就此而论，国家的反应可谓十分敏捷。这显然与第一次集体抗争浪潮之后国家维稳政治不断发育、维稳意识不断强化有关。只有在对稳定问题足够敏感、注意力足够定向的条件下，如此小规模、经济性和草根性的集体抗争才可能进入国家的视野，并且重视到用专门概念予以描述的程度。

在群体性事件概念的构成中，群体是对形式的描述，事件是对内容的定性，形式与内容两方面要素相结合。相对于形式，更根本的是国家对集体抗争的定性。就价值倾向而言，将集体抗争定性为事件，显然比“闹事”更为中性。发生这种转变的根本原因，是在1980年代末以后，国家开始重新审视自己与社会的关系。把稳定问题提到压倒一切的高度，表明国家愿意放下居高临下的姿态，与社会维持更有弹性的关系。将集体抗争界定为中性的事件而不是负面的闹事，既可以避免冒犯群众，又可以为自

---

① 董光祖，李昱．市场经济条件下人民内部矛盾和群体性事件及其处置．公安研究，1994（6）．

己的相机处置留下回旋余地。后来国家更加明确地提出“可顺不可激”的原则，也间接证明了这一点。

那么，这个概念为什么是由公安而非其他部门最先提出来？首先，基于职责分工，公安部门处于维稳工作第一线；集体抗争一旦爆发，公安部门总是第一个到场并且要一直在场。这意味着，在所有国家部门中，公安部门对集体抗争的感知是最直接、鲜活和持续的，由它最先提出群体性事件概念符合人类认知发展的逻辑。

其次，第二次集体抗争浪潮的基本特征也为公安部门创制群体性事件概念提供了政治空间。如前所述，工人和农民的集体抗争具有显著的非政治性和非组织性，因此党委和政府通常不会主动介入，而交由公安部门处理。这意味着公安部门拥有较大的自主权，能够按照自己的观察和需要对集体抗争进行描述和定性。

公安部门构造群体性事件概念的“心路历程”，因为没有足够的资料，难以确考。以常理度之，直接接触和感受集体抗争的公安人员不是专业研究人员，他们在创制概念的过程中不会穷究学理，而倾向于从直觉印象和工作需要出发。他们之所以将群体和事件两个要素简单相加而形成群体性事件概念，大约是因为他们在处置此类事件的过程中，第一印象是参与人员多，于是产生群体的观念。接着他们又发现，此类行为往往具有一定正当性，至少是非不容易判定，称为“闹事”，负面判断太过强烈，不但不合理，甚至会激化矛盾，还是中性地称事件有利于工作的开展。两种观念结合到一起，便形成所谓群体性事件概念。仔细阅读那些最早使用群体性事件概念的文献，会发现，没有任何一篇对该概念做过严格的辨析和界定，都是信手拈来，直接入文。这从一个侧面表明，公安部门的直觉印象和工作需要在该概念的形成过程中发挥着主导作用。

（三）概念竞争与群体性事件的胜出

群体性事件概念虽然在 1994 年即已诞生，但直到 2003 年才从多个概念中脱颖而出，取得目前所见的主导地位。在此之前，同时并存的还有群众性事件、突发事件、群众性突发事件、群体性突发事件、群体性治安事件、紧急治安事件、群体性紧急治安事件等多个概念，有的甚至比群体性事件概念出现得还早[①]。那么，群体性事件何以能够在概念竞争中胜出？回答这个问题，有助于更深入地揭示群体性事件概念的演进过程及其内在逻辑。

从国家的角度来说，政治生活的中心概念在构造上必须满足两个基本要求：一是精准，二是简洁。精准是尽可能准确地表达国家意图，简洁是为了使用方便。群体性事件能从多个概念中脱颖而出，一枝独秀，一个根本原因正是它比其他概念更好地满足了这两个要求。如前所述，群体性事件概念既有关于对象形式的描述（群体），也有关于对象内容的定性（事件），既有量的规定性，也有质的规定性，是形式与内容、量与质两方面特征的结合。在这个意义上，它是完备的。与此同时，它只有五个字，又是简洁的。以此标准衡之，就会发现，其他概念要么不够简洁，要么不够完备。比如群体性紧急治安事件、群体性突发事件等概念就太冗长。国家政治生活的中心概念一定是使用非常频繁的，除书面表述之外，还必须适合口头表达。从口头表达的角度来说，哪怕只多一个字，都是一个严重的负担。而另外一些概念，比如突发事件、紧急治安事件虽然简洁程度差不

---

① 肖唐镖．当代中国的“群体性事件”：概念、类型与性质辨析．人文杂志，2012（4）．

多，甚至更简洁，但只涉及内容和质的规定性，未涉及形式和量的规定性，而此类现象的群体性又是国家非常关注的一个特征，在这个意义上，这些概念是不完备的，未能精准地表达国家意图，所以慢慢被国家抛弃。

还有一些概念，比如群众性事件，虽然也同时是完备的和简洁的，但其中的群众性字眼具有强烈的正面含义，不符合国家力图在社会观感上将集体抗争现象中性化、去政治化的愿望。同时，掌握概念就是掌握话语权，因此，国家也不愿意把概念的内涵定得太窄，以至压缩自己的权力，束缚自己的行动。特别是 1998 年以后，国家强调集体抗争的治安属性与政治属性之间没有不可逾越的界限，就更需要一个能够兼容治安和政治这两种属性的概念。从这个角度来说，群体性治安事件、紧急治安事件等概念把集体抗争明确定性为治安事件，太窄、太死，最终被国家淘汰出局是必然的。

总而言之，站在国家的角度，群体性事件既简洁又精准地表达了意图，比其他概念更符合国家在不同时期的不同需要，所以能够脱颖而出，成为国家用以描述集体抗争现象的中心概念。不过，这样一个概念筛选过程并不是哪个人、哪个部门有意为之，而是多个层级的多个国家部门在维稳逻辑的支配下无意识“合谋”的结果。由此也见得 1980 年代末以来逐渐发育的维稳政治体系对群体性事件概念形成和演化的深刻影响，即它逐渐形成一套体系，以至能够有效地控制国家各级各类部门的注意力，使之定向到稳定问题上来。显然，没有对注意力的有效定向，众多层级的众多部门默契地、不约而同地选用群体性事件，从而将其推到国家中心政治概念的地位，是不可能的。如果不是这样，现在也许还是多种概念纷繁并存的状态。

上文从国家的角度揭示了群体性事件概念在竞争中胜出的动因。而这个概念最终走出国家、走向社会，成为一个在社会上也广泛使用的概念，则与国家全力维稳，概念随着国家的维稳实践而向社会扩散有关。维稳实践是一个国家与社会紧密互动的过程，其中自然包含话语和概念的交流。尽管概念的使用涉及话语权的争夺，但显然，国家比社会更强势，从而能够把自己的概念强加于对方。更何况，至少在表面上，群体性事件是一个包容性较强的中性概念，社会接受起来并不那么困难。如前面图 7－1 所示，全社会对群体性事件概念的使用在增速上有两个高峰，一个是 1998—1999 年，另一个是 2005—2006 年。这两个高峰的形成都与当时国家正好出台重大维稳措施有关：第一个高峰是因为 1998 年底群体性事件首次出现在最高领导人的讲话中，并随后出台了首个关于预防和妥善处置群体性事件的中央文件；第二个高峰则是因为 2003 年中央建立处理信访突出问题及群体性事件联席会议制度，并于 2004 年从上到下推广这一体制。

综上所述，群体性事件能够在与其他概念的竞争中胜出，归根到底都与国家对集体抗争形势的判断和反应有关。首先是国家基于 1980 年代以来逐渐强化的维稳意识，而在多个概念中无意识地选择了群体性事件，使之成为一个在国家内部被广泛接受的概念；其次是国家在应对集体抗争的过程中，也不断地向社会输出这一概念，使之最终走向社会，成为一个在社会上也广泛使用的概念。

四、集体抗争形势的转变与群体性事件概念的转变

1998 年以后，市场化改革进程进一步加快。这些改革深刻地改变了整个社会的利益格局以及因此而来的社会冲突面貌。缘于此，中国集体抗争

的形态再次发生转变，即，社会精英以新的方式重新卷入集体抗争，带动集体抗争重新趋于政治性，同时向大规模、组织化的方向发展。中国集体抗争由此进入第三次浪潮。与前一次转变不同，第二、三两次浪潮之间的过渡是一个连续的、渐变的过程，界限不甚明显。但鉴于 1998 年改革的深远影响，不妨以之作为第三次集体抗争浪潮的历史起点。

（一）第三次集体抗争浪潮的形成与特征

第三次集体抗争浪潮的形成，是三种因素共同作用的结果：一是社会矛盾的累积；二是社会精英，尤其是知识分子的归来；三是互联网的发展。邓小平南方谈话之后，市场化被明确为下一步改革的方向。市场化改革在推进经济和社会快速发展的同时，也造成社会矛盾的不断产生和累积。其中，1998 年是一个重要节点。是年，新一届中央政府同时而全面地推进国有企业、医疗卫生、住房和教育（主要是教育产业化和高校扩招）等多项改革。这些改革都广泛涉及民生，再加上此前积存已久并愈演愈烈的农村“三乱”问题，于是造成社会矛盾的大面积爆发。

在此过程中，工人和农民仍然是集体抗争的主体，但参与者的构成已悄然发生变化，即社会精英开始重新卷入集体抗争。2001 年，中共四川省委组织部课题组在一份调研报告中说：“过去群体性事件的参与者多是农民、离退休职工，现在则包括在职职工和下岗职工、个体业主、复转军人、技术人员、干部等。”[①] 也就是说，复转军人、技术人员和干部等精英人士也开始卷入集体抗争。不仅如此，这些精英人士往往在集体抗争中担

① 中共四川省委组织部课题组．正确分析和处理群体性突发事件．马克思主义与现实，2001 (2).

当领袖角色。在2002年发表的一项研究中，蔡永顺统计了1997—1999年间《工人日报》《中国劳动报》等媒体报道和他自己调查的41件工人集体抗争，发现其组织者中前企业领导占29.27%，现企业领导占17.70%，复转军人占9.80%，合计为56.77%①。

精英人士的卷入和领导提高了集体抗争的动员和组织能力，从而使群体性事件的组织性有所增强，规模有所扩大。在前引报告中，四川省委组织部称，群体性事件“组织程度明显提高”。而据前引泰州市公安局1994年报告，当时当地只有“极少数”群体性事件“有一定骨干和幕后操纵者”。又据四川省委组织部报告中的数据推算，当地虽有55%的群体性事件参与人数在100人以下，但也有43%在101～500人之间，平均每起事件的参与者则达到138人。而据前引泰州市公安局报告，1993年当地群体性事件平均不到50人。两相比较，规模显著扩大。

上述情况随着知识分子的加入和互联网的发展而进一步凸显。网络为知识分子的政治参与提供了极大方便，于是出现了一个热衷于通过网络过问公共事务的“公共知识分子”群体，俗称“公知”。根据BBS、博客等早期网络平台的出现时间，“公知”大体出现在2000年左右。此后，随着网络平台的不断升级，“公知”队伍及其影响力也不断扩大。与此同时，他们对群体性事件的介入越来越多、越来越深。介入群体性事件成为他们获取影响力的重要方式。国家很早就注意到互联网舆论的巨大影响，曾在2003年的一份文件中提醒说：“群体性事件和突发事件对社会稳定的影响

① CAI Y. The resistance of Chinese laid-off workers in the Reform Period. The China quarterly, 2002, 170.

越来越大，互联网上影响稳定的问题日益突出。”①

相较其他社会精英，“公知”长于通过框架建构掌握话语权。所谓框架建构，即通过一个概念框架，把在感觉上相互独立的若干事件和情节串联到一起，使之呈现出共同的、整体的意义。它本质上是一个思想动员过程。该过程所进行的观念整合，有助于提升群体性事件的组织性，改变此前在空间和时间上的离散状态。总体而言，“公知”群体所采用的概念框架比其他群体的论述具有更强的政治色彩。更何况，在思想动员之外，他们还常以真相调查、网上募捐、免费律师等方式直接提供实质性支持。因此，“公知”的介入往往会在较大程度上推动群体性事件的政治化。

在上述多种因素的共同作用下，中国的集体抗争进入第三次浪潮。其基本特征是，群体性事件无论就整体而言，还是就单个事件而言，都有一种朝组织化、政治化和大规模方向发展的趋势，社会精英对群体性事件的介入则显著地助长了这一趋势。这意味着，影响局部社会秩序的治安事件与影响政权安危的政治事件之间没有不可逾越的界限，治安事件可以比较容易地转变为政治事件。没有政权不关心自己的安危。群体性事件与政治性事件的关联一旦引起国家注意，基于对稳定问题的高度重视，国家不可避免地会将维稳的关口前移到预防群体性事件上，以便从源头上消灭政治隐患。正是在这种背景下，1998 年底，江泽民在正式讲话中首次提到群体性事件并提醒全党：“这类问题处理不好，会直接影响社会稳定，甚至可能由个别问题演变成局部甚至全局性的问题。”② 所谓演变成局部甚至全局性的问题，其实就是本属治安事件的集体抗争最终演变为政治事件的风

---

① 中共中央文献研究室．十六大以来重要文献选编：上．北京：中央文献出版社，2005：495.

② 中共中央文献研究室．十五大以来重要文献选编：上．北京：人民出版社，2000：663.

险。据此提到群体性事件，表明党中央开始关注这一风险。

（二）维稳政治的强化

基于对政治风险的关切，国家开始对群体性事件问题重新进行定位。重新定位的基本精神可以概括为一点，即从政治高度审视群体性事件，防控群体性事件就是防控政治性事件，防控政治性事件必须从防控群体性事件抓起，做到“早发现、早报告、早控制、早解决”[①]。随着这一精神从工作规程到组织机构的层层落实，群体性事件概念的政治属性也不断被充实和强化，最终脱离治安范畴而成为一个政治概念。

在工作规程上，国家不断强化党委、政府，特别是党政主要领导的责任。2000 年，中纪委、中组部等部门联合下发《关于对发生严重危害社会稳定重大问题的地方实施领导责任查究的通知》[②]。根据该文件，凡是发生重大群体性事件的地方、单位、部门及领导，将被严厉追究责任。2003 年，中央又要求，一旦发生群体性事件，党政领导必须及时赶赴现场，“靠前指挥，面对面地做好群众工作”[③]。这些要求和规定的责任主体都是党委、政府及其主要领导，而非公安部门。这个信号非常清楚地表明：群体性事件防控不是治安工作，而是政治工作。不仅如此，中央还通过“慎用警力、慎用警械武器、慎用强制措施”[④] 等原则对公安部门的角色做了明确限制，这反过来进一步突出了政治领导和政治手段在群体性事件处置

① 张宿堂，苏宁．罗干在全国政法工作会议上要求确保严格执法全力维护社会稳定．人民日报，1999-12-02（3）．

② 中央社会治安综合治理委员会办公室．中国社会治安综合治理年鉴：2001—2002．北京：中国长安出版社，2003．

③ 罗干．切实维护社会稳定．中国共产党重要文献信息库，2003-12-12．

④ 罗干．切实维护社会稳定．中国共产党重要文献信息库，2003-12-12．

中的地位和作用。

比工作规程更有力的是组织结构的调整。众所周知，在中国，基于党的集中领导原则，重大决策都由各级党委，特别是其核心机构——常委会做出的。由于常委会的人数有限制，公安作为行政系统的一个下属部门，其首长进入常委的机会十分有限。然而，2003 年发布的《中共中央关于进一步加强和改进公安工作的决定》明确而显著地提升了公安部门的级别和权力："各级党委可根据实际情况和干部任职条件，在领导班子职数范围内，有条件的地方逐步实行由同级党委常委或政府副职兼任省、市、县三级公安机关主要领导。"[①] 据此，后来普遍出现公安厅局长进入常委并兼政法委书记的制度安排。这意味着，公安部门首长进入政治中枢，从而在掌握警察力量的同时，能够以党的名义合法地调动包括检察院和法院在内的整个司法系统，甚至更大的政治系统。公安部门在整个政治系统中的话语权显著增强。

此后不久，国家又从上到下建立处理信访突出问题及群体性事件联席会议制度。联席会议制度实际上造成一种权力格局，即以政法委为中心统合更大范围内的国家权力，而政法委书记又由公安部门首长兼任，因此，联席会议实际上进一步扩大了公安部门的权力。

表面上看，这种制度安排与国家限制警察权力的"三个慎用"（慎用警力、慎用警械武器、慎用强制措施）原则相抵牾，实际上并不矛盾。因为公安部门首长进入决策中枢并掌管政法委之后，其不断增大的权力不是体现在对警察力量的使用上，而是体现在对公安部门之外的更大范围的国

① 中共中央文献研究室．十六大以来重要文献选编：上．北京：中央文献出版社，2005：503.

家力量，包括宣教、审判、检察和行政管理权力的调度上。通过这样一种制度安排，国家一方面限制了公安部门的警察权力，另一方面却扩大了它的政治权力。从国家的角度来说，这样一种制度安排是可以理解的。因为警察权作为一种行政权力，对于处置已然的群体性事件有着快速反应的优势，但预防未然的群体性事件则非其所长。在国家已经把维稳的关口前移到预防环节的背景下，光有警察权显然是不够了，必须组合运用宣教、审判、检察和行政等多种权力。而在这多种权力中，公安部门因总处于群体性事件处置的第一线，以它为中心来统合其他权力，对国家来说是最有时效和实效的制度选择。

（三）群体性事件概念的政治化

公安部门首长兼掌政法委，以及联席会议制度的建立，表明发轫于1990年代的维稳政治达到一个新的高峰。这样一种维稳政治模式为群体性事件概念的政治化提供了便捷而有效的通道。其中，最直接的后果是，政法委是党在政法领域的核心领导机构，由公安部门首长掌管政法委，显然有利于公安系统首创的群体性事件概念进入国家的意识形态论述，从而由一个治安概念上升为政治概念。

比这更重要的是，这样一套维稳政治体系能够非常有力地把群体性事件概念的政治内涵从国家认知变成社会体验。如前所述，早在1998年，中央领导人已经意识到群体性事件的政治性，并开始通过中央文件将防控群体性事件提升为国家政治日程。彼时，在国家认知中，群体性事件已经是一个政治概念，但社会关于群体性事件的体验还停留在治安概念阶段。随着参与防控群体性事件的部门越来越多，部门之间的整合越来越好，维稳实践的政治性也就越来越强。维稳政治实践的过程，就是国家与社会不断接触，从而把自己的认知不断传递给社会的过程。当从2003年开始，国家把自己关于群体性事件的政治体验落实到公安部门首长兼任政法委书记以及联席会议这样一套对社会来说具体而可感的组织上时，群体性事件的政治内涵也就彻底完成了从国家到社会的传递。如果说1998年底江泽民在讲话中首次使用群体性事件概念只是它从治安概念迈向政治概念的开端，那么，到2003—2005年间，这个过程算是彻底完成了。

大约2010年以来，公安部门首长普遍不再兼任政法委书记，原来在群体性事件概念内涵的转变过程中发挥重要助推作用的组织模式不复存在。但一种观念一旦形成，并不会轻易随着组织模式的改变而改变，更何况作为政治概念的群体性事件已经走出国家，成为一个社会普遍使用的概念。因此，在短期内，群体性事件概念仍将维持其政治内涵，并规定着国家和社会各自在相关问题上的思维和行为选择。

五、从维稳政治看国家构建

以维稳政治对中国社会的深刻影响，了解其变迁、运作和趋势是一个无法绕开的研究课题。而群体性事件是国家赖以总成和布局维稳工作的中心概念，通过这个概念，不仅可以透视国家感知、思考和应对社会冲突的基本模式，而且可以顺藤摸瓜，进一步考察造成这样一种模式的历史情势。如钱穆所言，包括国家制度在内的任何制度，其形成和演变都是“内在的用意”与“外在的需要”两个方面相结合的产物[①]。而群体性事件因其作为维稳政治之中心概念的地位，不失为一扇虽然小却有利于聚焦的窗

---

① 钱穆．中国历代政治得失．北京：生活·读书·新知三联书店，2001：前言5.

口，透过它，正好可以瞭望这两个方面是怎样相互作用而推动维稳政治之形成和演变的。

经由历史的考察发现，群体性事件概念存在一个从无到有、从治安概念到政治概念的演进过程。表面上，群体性事件是一个由国家创制，然后推送到全社会的概念。然而，它并不是国家单方面思虑的产物。相反，该概念的诞生及其内涵的转变，都是社会冲突与国家治理相互作用、循环递推的结果，是 1980 年代以来的三次集体抗争浪潮在国家观念上的次第反映。因此，在群体性事件概念的衍生过程中可以清晰地看到两条线索：一条是集体抗争形态的不断改变，另一条是国家治理方略的不断调整。这两条线索相与浮沉，环环相扣，就像生物 DNA 中的双螺旋结构一样支撑着群体性事件概念的发育和完成。

更进一步，群体性事件概念所透视的维稳政治衍生史也为理解国家构建的一般逻辑提供了有益的参考。国家构建论强调，国家作为一种政治系统，构成该系统并制约其运作的各种要素以及要素之间的统合方式，都有一个不断发生和演变的过程。而揭示国家构建的一般原理，则是很多学科和学者都感兴趣的问题。在所形成的诸种理论中，影响最著者当属理性选择论和结构功能论。这两种理论取向的区别，如果用钱穆的概念来刻画，那么可以说，理性选择论专注于“内在的用意”，结构功能论则致力于“外在的需要”，亦即一个强调造成制度变迁的主观因素，另一个强调造成制度变迁的客观因素。

理性选择论认为，诸种国家制度都是国家在与其他行动者博弈过程中追求效用最大化的产物。该理论暗含着一个假设，即行动者的理性是天生的而且一成不变，只不过会随约束条件的变化而变换展现方式而已。这一理论视角表现在模型上，便是：行动者的选项集都是确定的，行动者只是因势制宜地调整选项之间的优先序。其中，确定的选项集表示行动者总是知道自己的总需求是什么，相对稳定的优先序则表示行动者总是知道自己该怎样一步一步实现自己的总需求。但事实上，任何行动者的理性都是在与外界的往复互动中逐渐习得和调整的——尤其要注意的是，此处所谓互动，既包括合作、竞争、顺应，也包括常常在理性选择论中被与竞争混为一谈的冲突。

这突出地表现在，尽管群体性事件早已有之，但国家最初并不以稳定为念，直到1980年代末才开始把维稳问题提上政治日程。并且，对于怎样维稳，国家也有一个学习的过程：从开始主要依靠警察力量，到后来着重依靠政治力量。此外，行动者的理性在内在逻辑上也不是完全一致的，以致它经常在抉择时不能将诸多选项统合成一个相对稳定的优先序，而是犹豫、纠结甚至崩溃。国家在发展与稳定之间常常举棋不定、依违两可，就是一个典型的例子。限于篇幅，这一点在本书中没有充分展现。总而言之，行动者的理性选择并不总是一个单一、整合而连续的函数，而是常常表现为多个相互脱节甚至互不兼容的函数。

相较于理性选择论强调“内在的用意”，结构功能论更强调“外在的需要”。它认为，国家总是生存于一定的环境，环境的变化会对国家造成某种压力。作为对这种压力的反应，国家会不断调整自己的行为选择，包括制度选择，国家制度就是在此过程中不断生成和演进的。此观点的缺陷在于，它错误地理解了压力与需要之间的关系。须知，压力不等于需要；客观的压力只有被国家意识到，并且经过特定的解读，才会转变为影响国家制度选择的需要。正如早已存在群体性事件，但国家并不认为有维稳的需要一样，压力有可能不被意识到，或者即使意识到，也有多种可能的解读，从而导致国家可能反应不足，也可能反应过度。因此，国家如何意识和解读来自外部的压力，是一个需要仔细研究的问题，但这个问题被结构功能论忽视了。它夸大了人类主观认识与客观世界的一致性。事实上，如何处理人类的反思和解读能力对社会过程的影响，是整个社会科学研究都必须面对的一个重大挑战①。

最后，还要指出，主观世界与客观世界既有相对独立性，但也是互构互生的。恰如本书所示，一方面，来自社会的集体抗争不断改变国家的观念，推动着群体性事件概念从无到有、从治安概念到政治概念的演变。但另一方面，国家所凝炼的群体性事件概念也通过维稳实践反馈到社会，影响着社会的思维和行为选择；而社会的这样一种选择又构成一种新的环境，迫使国家做出新的调整。众所周知，国家现在对群体性事件动辄被政治化深以为苦。殊不知，社会对群体性事件的政治化理解及操作，在很大程度上也是社会对国家在维稳实践中不断使用政治化群体性事件概念的反馈。在这个意义上，行动者固然受着环境的造就，但环境也是行动者自己造就的。主观世界与客观世界之间这样一种生生不息的辩证关系，是以往理性选择论和结构功能论所忽视的，因此也是今后研究国家构建时特别需要注意的。

---

① 赵鼎新．社会科学研究的困境：从与自然科学的区别谈起．社会学评论，2015，3（4）．

第八章

集体行动、资源动员与社区建设

社区建设是社会治理的重要组成部分，也是国家推动社会治理的重要抓手。加强社区建设受到普遍欢迎。然而，在社区建设如何开展这个问题上，许多政策和理论却长期执迷于解放视角，单纯强调国家向社会放权，而未充分注意到社区建设本身是一场集体行动，在社区内部存在一个复杂的动员和组织问题；如果社区内部不能很好地动员和组织，国家权力即使放得出，社区也未必接得住，兜了一圈最终还得国家介入，不仅没有解决问题，反而造成新的甚至更大的问题。而大量研究已经表明，集体行动的形成和维持并不容易，甚至比让国家放权更难[①]。社区建设也不例外。职是之故，本书将在反思解放视角的基础上，改从集体行动视角考察当前社区建设在资源动员上的两种重要模式及其可能引发的问题，然后指出社区建设研究今后应当改进的方向。

一、社区建设：理论反思与视角转换

尽管社区建设作为一项政治议程始于民政部门而非社会学界的倡议，但在该议程的推动过程中，社会学家参与甚多，影响甚大。对于社区建

① 冯仕政．西方社会运动理论研究．北京：中国人民大学出版社，2013；赵鼎新．社会与政治运动讲义．2版．北京：社会科学文献出版社，2012.

设，社会学中长期流行一种观点①，即认为社会本来是有力量的，是可以自立和自理的，只是这种力量被强势的国家给抑制了。因此，只要把它从国家手中解放出来，社会就可以自立和自理；社会治理是这样，作为社会治理的一部分，社区建设也是这样。由于该观点的核心关切是国家与社会之间关系的调整以及社会力量的解放，本书称之为“解放视角”。尽管解放视角的渊源在社会学，但它的影响早已超出社会学界而扩散到整个学界、政府和社会。

然而，社会并不是自动均衡的，不是国家一放，社会就能自立和自理；不是像大海一样，搬走一块石头，水就自动涌过来填上。社区建设，不管是国家主导的，还是社会主导的，都必然是一场集体行动，涉及多人合作与共同行动的问题，但在解放视角的主导下，人们长期以来只关注国家与社会之间关系的调整②，而对社区建设中的集体行动问题，即社区内部的关系如何调整和组织的问题，却甚少有专门的、系统的理论讨论。这无疑是一个缺憾。尤其是在社区建设中的集体行动问题已经大量地暴露并已有不少探索的情况下，对该问题进行明确的理论反思更有必要。

在社区建设问题上，解放视角的盛行和集体行动视角的缺位并不是偶然的，而是理论迷思与社会背景共同作用的产物。因此，要深入讨论社区建设中的集体行动问题，首先必须了解解放视角赖以形成和传播的理论及

---

① 徐林，吴咨桦．社区建设中的“国家—社会”互动：互补与镶嵌：基于行动者的视角．浙江社会科学，2015（4）；肖林．“‘社区’研究”与“社区研究”：近年来我国城市社区研究述评．社会学研究，2011，26（4）．

② 管兵．城市政府结构与社会组织发育．社会学研究，2013，38（4）；耿曙，胡玉松．突发事件中的国家—社会关系：上海基层社区“抗非”考察．社会，2011（6）；王汉生，吴莹．基层社会中“看得见”与“看不见”的国家：发生在一个商品房小区中的几个“故事”．社会学研究，2011，25（1）．

社会基础。前已指出，解放视角专注于国家与社会之间关系的调整，而对社区内部关系的调整留意不多。不难理解，这样一种思维取向的背后是对社会自动均衡和自我组织能力的高度信任。而社会学，正是一门对社会的自动均衡和自我组织能力深具信心的学科。

社会学对社会力量的信心根源于社会学长期秉持的社会有机体理念。该理念从社会学诞生之日起就存在，最初在孔德那里还只是一个粗糙的生物学比喻，后来经过一系列社会学家的阐发，终于形成以功能论为代表的一套精致而影响深远的理论体系。功能论虽然迭经批判，但从来没有从社会学中消失，事实上也不可能消失，因为承认社会具有某种程度的整体性是社会学作为一门学科赖以成立的本体论基础。在社会有机论看来，社会就像生物有机体一样是一个复杂而精密的系统，内部每个组成部分都具有某种功能，它们既相对独立又相互配合，共同满足社会有机体的种种需要，共同维系社会有机体的生存和发展。

显然，根据这一理解，社会本来就是一个自我组织、自动均衡、内部高度协作的整体。因此，对社会来说，集体行动从来就不是一个问题，问题只在于这种能力会受到外力的阻挠和破坏，而只要找回这种能力，整个社会就会满血复活。因此，真正需要研究的，不是社会如何才能形成集体行动，而是如何才能将社会失去的集体行动能力拯救回来。这样一种思维，与解放视角及其对集体行动问题的忽视，何其相似乃尔。更有趣的是，这样一种思维又由于概念的翻译、中国社区建设和改革开放的独特历程等历史境遇而得以具化和强化。

众所周知，中文里的社区一词源自英语单词 community，是 community 的中文对译。所谓 community，指共同生活在一定区域内，并且有共同体意识的一群人。也就是说，就本义而言，community 同时包含两层意思：一是共同的地理区域，二是共同的集体意识。1930 年代，吴文藻、费孝通等老一辈社会学家经过审慎考虑，决定将 community 对译为社区，社区概念从此在中文世界里流传开来[①]。

然而，在传播过程中，社区概念也逐渐与中国社会背景相结合，获得了不同于其英文源词的含义，即，社区这个中文词不管是从字面上，还是在实际使用中都特别强调其作为地理区域的一面。如果把社区看成社和区的结合，那么，这样一种理解实际上是区重于社。而事实上，英语 community 及其德语源词 Gemeinschaft 在意涵上正好相反，它强调的是 community 或 Gemeinschaft 作为共同体这样一种社会整合形式相对于现代基于功能分化而来的社会整合形式的特殊性，突出的是其中的社会性内涵而非地理性内涵。该概念之所以也带有地理含义，是因为在人类历史上，这样一种社会整合形式常常与特定的居住方式相联系。易言之，在英语 community 和德语 Gemeinschaft 中，地理含义是附带、派生和从属于社会含义的，社重于区，而非区重于社。

社区概念相对于英语、德语源词在意义上的偏移不全然是理解错误造成的。相反，它是当年中国社会学家根据中国社会的需要而有意为之的结果。在吴文藻、费孝通等学者看来，community 这样一个概念，不仅能够准确地刻画当时中国作为一个乡土社会的景象，而且从方法上说，社会是抽象的、漫无边际的，而社区则是具体的，有着明确的时间和空间意涵，因此，从社区入手可以，甚至只有从社区入手，才能对社会展开真正的、

---

① 胡鸿保，姜振华．从“社区”的语词历程看一个社会学概念内涵的演化．学术论坛，2002 (5)；姜振华，胡鸿保．社区概念发展的历程．中国青年政治学院学报，2002 (4).

切实的研究。也就是说，他们将 community 对译成社区，并着意强调其中的地理内涵，是经过经验事实和研究方法两个方面的审慎考虑的[①]。

这样一种着意强调社区之地理面相的意趣虽然与 community 的本义不完全吻合，但他们所讲的地理到底还是人文地理，并没有脱离社区作为共同体这一社会意涵。然而，随着时间和形势的推移，社区概念突出地理面相的弱点就逐渐暴露出来，即它在语用学上为人们只关注其作为地理区域而忽视其作为共同体的含义提供了空间；这样一种概念和观念，为社区建设滑向政区建设提供了思想基础[②]。

社区建设作为一项国家政治议程是民政部在 1991 年首次提出的，其前身则是民政部于 1987 年提出的社区服务议题，是对社区服务议题的扩展。到 21 世纪初，国家开始大规模推进社区建设，以期用社区承接以往由单位和组织承担的社会管理事务。不难理解，这样一种意义上的社区具有强烈的行政色彩，指的是一个行政管理区域，而不是一种社会共同体，即使其中的地理内涵，也已不是早期的人文地理，而是政治地理了。这样，社区变成了政区[③]。在这样一种概念引领下的社区建设，自然容易变成政区建设和政权建设，非但不能激发和培育社会自立自理的能力，反而可能强化国家统制，失去为适应社会主义市场经济而推动社区建设的初衷。

尽管国家最初并不是基于社会学兴趣而提出社区服务和社区建设的，

---

① 费孝通．对上海社区建设的一点思考：在“组织与体制：上海社区发展理论研讨会”上的讲话．社会学研究，2002（4）．

② 陈福平，黎熙元．当代社区的两种空间：地域与社会网络．社会，2008（5）；黎熙元，陈福平．社区论辩：转型期中国城市社区的形态转变．社会学研究，2008（2）．

③ 在清华大学于 2016 年 12 月 10 日召开的“社会治理与社区建设”研讨会上，蔡禾教授在发言中特别指出了这一点。

甚至对社区概念的社会学渊源和取向都不了解，但后来社会学家广泛参与社区建设议程，并对该议程的实施产生着重要影响却是不争的事实。在此过程中，从源远流长而根深蒂固的专业认知出发，社会学家显然会强调社区作为共同体的意涵，而对社区建设变成政区建设的走向感到忧心忡忡①。避免社区建设行政化的用心当然是良好的，但由此也造成另外一种视野上的偏失，即由于强调社区建设的目标是恢复社区作为共同体的本义，而把大量注意力集中于如何调整国家与社会的关系，却对如何调整社区或社会内部的关系缺乏关注和思考，似乎只要调整国家与社会的关系，社区或社会内部的关系就会自动理顺一样。这种观点显然是不成立的，但由于专业背景和社会背景的双重作用，又确实很流行。

二、社区建设中的集体行动困境

在如何理解社会这个问题上，在相当长的时间里，社会学和经济学正好构成两个极端：社会学作为一门学科的基本假设是社会人，即个人从行为到思维都是社会的产物，社会相对于个体具有决定性，社会性是人之为人的根本属性。经济学则正好相反，它作为一门学科的基本假设是理性人。理性人假设认为，追求效用最大化是每个人与生俱来的天性，此即所谓理性选择。在该假设中，社会非但不决定个体的行为和思维——作为人之根本属性的理性不是由社会决定的而是天生的，反倒社会是个体理性选择的产物，即 n 个理性选择像力学法则一样相互作用，最后就形成了社

① 蔡禾．社区建设：目标选择与行动效绩．广西民族学院学报（哲学社会科学版），2003（4）；陈云松．从“行政社区”到“公民社区”．城市发展研究，2004（4）；石发勇．城市社区民主建设与制度性约束：上海市居委会改革个案研究．社会，2005（2）；向德平．社区组织行政化：表现、原因及对策分析．学海，2006（3）．

会。对个体来说，社会只是作为一种环境对理性选择构成的约束，其意义与自然环境没有本质差别。

正如格兰诺维特所指出的，这两种观点都有失偏颇：前者过社会化（over-socialized），夸大了社会对个体的塑造；后者则欠社会化（under-socialized），夸大了个体相对于社会的独立性和自主性[①]。过社会化与欠社会化的分野也体现在集体行动研究上。直到美国经济学家奥尔森提出质疑之前，社会学曾经把不满情绪视为引发集体行动的关键甚至唯一因素，认为人们只要抱有相同的情绪和期待，就可以形成共同行动。

但奥尔森指出，每个人都是追求自身效用最大化的理性人，参加集体行动的目的也是为了实现自身效用的最大化。因此，是否参加集体行动同样服从关于成本和收益的算计。而集体行动的困境在于，它生产的是在消费上不具有排他性的公益品（public goods），即一个人即使没有为公益品的生产付出成本，也同样可以享受公益品带来的好处。基于这一特征，作为追求效用最大化的理性人，人们自然选择的是“搭便车”，即在集体行动过程中袖手旁观而坐等摘桃子。如果人人都这么想，集体行动自然无从谈起。改变这一窘境的唯一途径是实施选择性激励，即通常所说的赏罚分明，多干多得，少干少得，不干不得。然而，实施选择性激励需要考核每个人的贡献，这是需要成本的。并且越是大型的集体行动，绩效考核的成本越高，实施选择性激励也就越难。因此，奥尔森预测，越是大型的集体行动，就越是难以形成和维持[②]。

---

① GRANOVETTER M. Economic action and social structure：the problem of embeddedness. American journal of sociology，1985，91（3）.

② OLSON M. The logic of collective action：public goods and the theory of groups. Cambridge，Mass：Harvard University Press，1965.

应该说，奥尔森的观点虽然极端，但它打破了社会学在集体行动问题上的理论迷思。长期以来，囿于社会人的假设，社会学并不认为集体行动的形成和维持是一个问题，因为人的社会性天然构成了集体行动的基础——生活在同一种社会环境中的人，已然形成共同的行为取向，在这种情况下，有集体行动是必然，没有集体行动才是怪哉。这一观点显然夸大了社会对个人的整合。但在社会人假设的遮蔽之下，社会学对这一点长期缺乏自知。奥尔森的观点虽然走向了另一个极端，但正好指出了社会学在集体行动问题上的认知盲点。事实上，奥尔森的理论并不是说集体行动不可能形成，而是说，任何集体行动的形成都不是自然而然的，而是必须通过一个复杂的组织过程；只有通过有效的组织才能实施选择性激励，尽可能降低参与的成本，提高参与的收益，从而保证集体行动的兴起和维持。

社区建设，不管是国家主导的，还是社会主导的，都必然是一场集体行动，同样存在一个如何通过有效的组织克服集体行动困境的问题。集体行动的形成和维持涉及许多方面的问题，比如：议程设置，即应该干些什么事，先干哪些事，后干哪些事；资源动员，即钱从哪里来，人从哪里来；组织建构，即由谁来干，谁指挥谁；等等。这些都是社区建设过程中需要仔细思量和安排的问题。对这些问题，解放视角显然缺乏足够的关注。如前所述，根据解放视角的理解，社会本身是有力量的，只是长期受到计划经济体制及其遗绪的窒碍，未能充分地释放。因此，社区建设的关键是把这种被遮蔽的力量从国家手中解放出来，一旦实现这种解放，社会就能自立和自理，社区建设也就大功告成了。这是一种严重忽视集体行动困境的浪漫主义观点。与格兰诺维特所批评的过社会化倾向一样，这一观点也夸大了社会的整合性和自我组织能力。而事实上，在当前，在社区建设中如何形成有效的集体行动已经成为一个突出的问题。

首先，随着社会的发展，社区内部的异质性和流动性不断增强，自我组织越来越困难。在传统社会中，社会流动极小，特定人群长期在特定的地理区域上栖息，经过长期而深入的互动，他们逐渐对环境形成了共通的理解，对彼此也形成了相对稳定的心理预期和合作结构，这些都为集体行动的组织提供了便利，有利于克服奥尔森所说的集体行动困境。然而，随着中国社会的不断转型，尤其是40余年来的改革开放，传统社会中那种有着相对明确的地理边界且内部同质性极高，亦即社会整合与地理区域高度一致的社区形态早已不复存在，社区建设只能在一个相对开放的地理环境和社会环境中进行。开放性所带来的异质性和流动性给集体行动的组织造成了极大困难。

有调查发现，随着市场化改革的深入，城市商品房小区的比例在不断上升①，而商品房小区的邻里关系与老式街坊小区相比要冷淡得多②。总的来看，基本趋势是市场经济的改革会导致城市社区异质性的增长，社区异质性增长则会导致社区凝聚力下降③。城市如此，农村情况也差不多：一方面，与城市一样，农村社区内部的分化同样在不断扩大，异质性增强；

① 王颖．上海城市社区实证研究：社区类型、区位结构及变化趋势．城市规划汇刊，2002（6）．

② 谭日辉．社会空间特性对社会交往的影响：以长沙市为例．城市问题，2012（2）；邢晓明．城市社区居民信任关系探析．黑龙江社会科学，2008（1）；徐勇．村民自治的成长：行政放权与社会发育：1990年代后期以来中国村民自治发展进程的反思．华中师范大学学报（人文社会科学版），2005（2）．

③ 蔡禾，贺霞旭．城市社区异质性与社区凝聚力：以社区邻里关系为研究对象．中山大学学报（社会科学版），2014，54（2）．

另一方面，随着人口大量迁往城市，许多村镇只剩下老人、妇女和儿童，组织集体行动即使有心，也有些无力。已有研究发现，在农村社区，异质性同样会降低人际信任[①]，相互信任的下降自然会影响社区的集体行动能力。

其次，在社会本身的分化之外，国家对社区建设的强势介入会进一步扩大社区的异质性。众所周知，当前中国的社区制系由以前的街居制发展而来。新中国成立初期，国家在重新组织社会的过程中建立了单位制，大量人口都由所在单位服务和管理；与此同时，在单位组织之外，国家又建立了由街道办事处和居民委员会两级组织构成的街居制，其主要功能是配合单位制发挥作用，把不隶属于任何单位的城市居民组织起来[②]。改革开放以后，为了应对单位制逐渐解体，大量单位人转为社会人，以及大量农村人口涌入城市，社会流动人口增加的新形势，国家明确提出了加强城市社区建设的意见。由此可见，国家大力推动社区建设的根本目的是为了承接单位制瓦解之后原来由单位承担的社会管理职能。这一意图在 1991 年民政部最初提出社区建设任务时尚不清晰，但在 2000 年《中共中央办公厅、国务院办公厅关于转发〈民政部关于在全国推进城市社区建设的意见〉的通知》（中办发〔2000〕23 号）中就非常明确了。

作为社区建设的一部分，国家逐渐将原来的居委会改革为社区居委

---

① 李洁瑾，桂勇，陆铭．村民异质性与农村社区的信任：一项对农村地区的实证研究．中共福建省委党校学报，2007（2）．

② 朱健刚．城市街区的权力变迁：强国家与强社会模式：对一个街区权力结构的分析．战略与管理，1997（4）；何海兵．我国城市基层社会管理体制的变迁：从单位制、街居制到社区制．管理世界，2003（6）；高民政，郭圣莉．居民自治与城市治理：建国初期城市居民委员会的创建．政治学研究，2003（1）．

会。在此过程中，尽管街道办事处和居委会两级管理体制的基本架构得以保留，但社区居委会承担的社会管理职能越来越多，社区的规模也越来越大。这就进一步增大了社区的异质性。一方面，不难理解，社区规模的扩大不可避免会带来新的异质性。另一方面，尽管《关于加强和改进城市社区居民委员会建设工作的意见》（中办发〔2010〕27 号）将城市社区居民委员会定位为“居民自我管理、自我教育、自我服务的基层群众性自治组织”，但它所承担的大量社会管理职能决定了，它是国家治理结构的一个重要组成部分。这就在社会本身的异质性之外又增加了国家的因素。对于社区来说，国家因素无疑是一个异质性因素，并且是一个影响力非常大的异质性因素。

总而言之，社区建设天然是一种集体行动，逃不脱集体行动所固有的困境。而社会本身的发展以及国家的介入所造成的社区内部的异质性，则进一步加大了组织集体行动的难度。所有这些都决定了，不能一厢情愿或先入为主地把社区想象成一个天然具有自组织能力的行动体，而必须深入思考社区建设在组织集体行动过程中面临的困境和可能的前景。

三、资源动员的两种模式及其问题

集体行动的形成和维持涉及历史情势、框架建构、资源动员和政治机会等多个方面和环节。限于篇幅，本书只讨论其中的资源动员问题。这里所谓资源，通俗地说，就是人、财、物。把社区建设成一个守望相助、唇齿相依的共同体，当然是一种很高尚的情怀，但石头飞得再高，最终都得落到地上，再高尚的情怀，最终都得落到资源上。实际做过事情的人都知道，许多高尚的事情卡就卡在资源上；没有资源，啥事都玩不转。而资源不会自动飞到你的碗里，必须去动员；动员到的资源，还存在一个如何组织以尽量提高效率的问题。

与奥尔森的预测相反，当前中国的社区建设非常红火，似乎并未被集体行动困境绊住。这就涉及奥尔森理论的一个潜在假设，即集体行动所需要的资源都是来自该行动人群内部，这样确实存在一个由于“搭便车”而引发的集体行动困境问题。然而，许多时候，集体行动所需要的资源不是来自一个人群内部，而是外部，这样就不存在由于人人想“搭便车”而导致集体行动难以起步的问题了①。道理很简单：被人家占便宜，人人都不高兴；但一起去占人家的便宜，人人都很高兴。研究发现，动员和使用外部资源，已经成为当今集体行动发展的一个重要趋势。这一点是奥尔森没有注意到的。当前中国社区建设搞得红红火火，一个重要原因就是资源来自外部，外部资源帮助克服了使用内部资源而可能引发的“搭便车”问题和集体行动困境。

从目前来看，社区建设对外部资源的动员主要有两种模式：一种是社会支持，另一种是国家投入。现在许多社会学家致力于做社会实验或社区营造，他们也给社区带去了大量资源，包括人力和物力。但比社会支持大得多的是国家投入。现在国家高度重视社区建设，为此投入了大量资金。如表 8－1 所示，在 2009—2015 年期间，国家“城乡社区事务支出”从 5 107.66 亿元迅速上升到 15 886.36 亿元，在一般公共财政预算支出中的

---

① 曾鹏，罗观翠．集体行动何以可能？——关于集体行动动力机制的文献综述．开放时代，2006（1）．

比例也从 6.69%上升到 9.03%。事实上，这还只是与社区建设直接相关联的项目，没有计算其他由国家支出但由社区最终承接的项目类别。加上这些项目，国家对社区建设的投入将更大。

表 8-1　2009—2015 年中国在城乡社区建设上的财政支出

年度	2009	2010	2011	2012	2013	2014	2015
城乡社区事务支出（亿元）	5 107.66	5 987.38	7 620.55	9 020	11 165.57	12 959.49	15 886.36
在一般公共财政预算支出中的占比（%）	6.69	6.66	6.98	7.18	7.96	8.54	9.03

数据来源：中华人民共和国财政部网站（http：//yss.mof.gov.cn/2015js/201607/t20160720_2365732.html）。

外部资源的输入固然有助于克服集体行动困境，但也会形成特有的问题，大体可以概括为以下三个方面：

（一）外部资源的可持续性

不管是社会资源，还是国家资源，都存在一个能否持续的问题。如果不能持续，社区建设将难以为继，甚至前功尽弃。所谓可持续性，主要包括两方面：一是时间上的，二是数量上的。现在无论国家资源还是社会资源通常都采取项目制的方式进入社区。由此带来的结果是：第一，资源的投入有着确定的时限，一旦超过时限，资源投入即告终止。而这个时限往往又是由社区外部力量设定的，并不总是符合社区的实际情况。因此，可能发生的情况是，项目的时限已到，但社区建设的目标还没有实现。以四川灾后社区重建项目为例，在“5·12”汶川大地震之初，灾民依靠外部大量涌入的救援资源解决了生计上的燃眉之急。在灾情稳定之后，灾民的首要需求仍然是生计问题，但救援组织已经将资源转投于其认为更重要的重建工作上，导致社区真正的需求被忽视[①]。第二，许多项目常常是竞争性的，只有在竞争中胜出才能获得相应的资源。而竞争性就意味着不确定性，亦即不能保证资源投入的可持续性。特别是当资源投入没有达到预期效果时，资助方很可能减少投入乃至终止项目合同。一个关于家庭综合服务中心的研究就发现，该中心因为评估不过关而被政府终止合同[②]。

外部资源在数量上的可持续性同样堪忧。以笔者曾经调研的一个小区为例，该小区是当地自办物业的先进典型，其所收取的物业费标准相当低，每平方米5角至8角，一年的物业费收入约为8万元，但社区物业各方面开支加起来每年要花32万元。也就是说，光是物业费一项，就存在24万元的缺口，这一缺口主要靠街道、区、市等各种渠道的经费进行补贴。目前当地财政还能支应，但最近两年财政趋紧，今后取消资助的可能性相当高。而一旦发生此种情况，已经习惯于依附此类资源的社区必然一时难以筹措如此大量的经费，大量社区建设项目只好停顿。现在在农村社区建设过程中，就有随着项目产品对政府的效用降低，政府往往会突然撤资，农民也不得不随之退出项目，双方难以形成稳定的合作关系的情况[③]。

（二）社区建设的主体性

研究发现，外部资源的投入固然可以在一定程度上帮助克服集体行动难题，但同时也造成另一个问题，即社区民众可能因此而失去社区建设的主体性。因为外部资源在投入过程中往往会蕴含着自己的意图和目标，甚

---

① 邹崇铭．社区经济发展与四川灾区重建．开放时代，2008（6）．

② 黄晓星，杨杰．社会服务组织的边界生产：基于Z市家庭综合服务中心的研究．社会学研究，2015（6）．

③ 冯猛．项目制下的“政府—农民”共事行为分析：基于东北特拉河镇的长时段观察．南京农业大学学报（社会科学版），2015，15（5）．

至规定了具体的操作方式。于是就发生一个问题：社区建设到底是谁的社区，谁在建设？就社区建设的本义而言，确应如《关于加强和改进城市社区居民委员会建设工作的意见》所说，以居民“自我管理、自我教育、自我服务”为目标。然而，现在大量资源投入都带有附加条件。特别是国家以项目制形式进行的投入，许多项目对资源投入的目标、方式、进度和绩效都有着非常细致的规定。

社会资源的投入也存在同样的问题。即以社会学家为例，他们在参与社区建设实践时，念兹在兹的是把社区建设成一个人人心心相印、休戚与共的共同体。然而，一位在北京某地区进行“社区营造”试验的教授告诉笔者，他们在该地区投入了大量人力、物力和财力，但三年过去了，“基本没有什么成就”。原因就在于，他们一心想把社区建设成宜居有爱的“家园”，但当地居民却一心想的是怎样把房子尽量分割得小一点，同样的面积多搞几间房，以便好出租、多出租、多挣钱。至于能不能形成一个共同体，没有人关心这个。由此也见得，所谓共同体，很多时候都是社会学家一厢情愿的想法，群众早就抛弃了，社会学家还抱着。但是，社会组织能够完全放弃自己的想法吗？不可能。带去这么多资源，怎么会没有自己的想法？于是，“到底要建谁的社区”就成了一个现实而严峻的问题。

（三）公共治理的效率与公平

更严重的是会造成公共治理的不经济、不均衡、不公平。这主要是就国家的资源投放而言。所谓不经济，是指由于国家投入是免费的，于是很多社区建设项目不惜血本地提高标准，用很大力气去做一件很小的事。一位教授在调研西北某社区提供的居家养老服务之后，震惊于其服务水准及成本之高，感慨道：连儿子伺候老子都达不到那样的水准！由于国家还远远不够富裕，所以中央对社会福利早就提出了“适度普惠”的原则，但一些社区建设项目却不顾经济条件，远远超出了这个标准。而不顾经济条件的社区建设能够发生和维持，又与公共资源分配的不均衡和不公平有很大关系，即不少部门和官员为了政绩工程而“集中力量办大事”，把资源集中投向一两个社区，将其做成耀眼的“典型”①。

国家树立典型的初衷，是为了创造经验，树立示范，让整个社会见贤思齐，从而达到以点带面的效果②。然而，在树立典型的过程中，一些领导与社区的关系从本应纯洁的同志式关系，变成了假公济私的庇护式关系。即，领导基于政绩考虑，必须力保自己树立的典型不倒，并且更好，于是什么资源、什么优惠政策都往这个社区塞，结果这个社区吃到饱，甚至吃不了，其他社区却嗷嗷待哺，造成社区之间的投入严重不公平。这样，本来想“以点带面”地树立典型，结果成了“以点害面”，显然违背了国家树立典型的初衷。

当然，也有的社区确实是因为表现出色而拿到国家资源。但即使是这样，仍然有问题。因为公共治理追求的是全面发展、共同进步，而不是像市场一样服从优胜劣汰法则。对国家来说，一个社区再是烂泥巴糊不上墙，也不可能放任不管。相反，越是这样的社区，国家越是要想办法提升，而不可能谁干得好，就完全把资源给谁。

综上所述，尽管外部资源的投入可以在一定程度上解决社区建设过程

---

① 周黎安．晋升博弈中政府官员的激励与合作：兼论我国地方保护主义和重复建设问题长期存在的原因．经济研究，2004（6）；曹春方，傅超．官员任期与地方国企捐赠：官员会追求“慈善”吗？．财经研究，2015，41（4）．

② 冯仕政．典型：一个政治社会学的研究．学海，2003（3）；董颖鑫．从理想性到工具性：当代中国政治典型产生原因的多维分析．浙江社会科学，2009（5）．

中面临的集体行动难题，但不管是国家投入模式，还是社会支持模式，都会给社区建设带来新的问题。由此也反证，社区建设有一个复杂的动员和组织过程，并不是解放视角所想象的那样，国家一放手，社区就能自动运转起来。

四、从“放得出”到“接得住”

社区建设是当前社会治理的一个重要内容和抓手，但长期以来，在社区建设理论和政策中流行一种解放视角，即相信社会具有足够强大的自组织能力，只要把社会从国家的控制下解放出来，社区建设也就八九不离十了。这样一种解放视角把注意力集中到调整国家与社会的关系上，而对社会，包括社区内部关系的调整和组织却关注甚少。本书揭示了这一观点赖以形成和流行的学术背景及社会背景，进而从集体行动的理论视角来探讨社区建设问题。从集体行动角度来看，社区并不是一个天然具有集体行动能力的主体，与普通的集体行动一样，它面临一个如何通过有效的组织去克服集体行动困境的问题。尤其是在中国社会转型的背景下，这一问题更加突出和严峻。而外部资源的投入固然在一定程度上克服了社区建设过程中的集体行动困境，但也造成了新的问题。

由此引申开去，今后在社区建设理论和政策上，有三个问题值得注意：

一是破与立的关系。现在有一些人，革命劲头很足，盲目相信“破字当头，立在其中”，倾向于凡是不满意的，先砸了再说。这是一种很糟糕的思维方式。革命讲不破不立，但建设恰恰是要不立不破，即在没有想到更好的替代办法之前，只能先将就。而不管三七二十一先砸了再说，往往收不了场。有人批评说，中国社会曾经有很好的自立自理的传统，恰恰是因为后来国家管得过多，导致社会的自我组织能力严重不足，这种状况不能再继续下去了[①]。是不是存在这个问题，可以讨论，但是群众一般不关心这个问题。对群众来说，他要的是解决，而不是解释。群众每天都得过日子，而生活不能掉链子。不管目前这个僵局是什么原因造成的，是谁的责任，反正出了问题，你必须解决。因此，盲目崇信不破不立，是很危险的。

二是社区治理与国家治理的关系，要把社区建设与国家治理有机结合起来。现在很多人一讲社区就只注意局部，而忘记了国家这个全局。正如前面所讲的，很多从社区角度来看搞得很好的治理，从国家治理的角度来看却是不经济、不均衡、不公平、不可持续的。

三是当前关于社区建设的研究范式需要从模式研究转向机制研究。所谓模式研究，就是单纯静态地考察社区建设需要哪些要素，这些要素需要组合成一个什么样的结构。而机制研究则是强调怎么更有效地组织各种生产要素，以便把社区建设从构想到结果一步一步地实现出来，并且要让结果尽可能地符合初衷，而不能脱离甚至背离初衷。这就要求把社区建设当作一个一环扣一环的过程而不是一个静态的点或面来思考。最难的是怎么一环紧扣一环，中间不掉链子。各种资源如果不能形成一个一环紧扣一环的链条，再多再好也是白搭。就如同一部汽车，如果还没开到加油站之前就没了油，再好的性能也只能趴窝。油和车都在那里，但如果两者之间没有链接起来，实际效果等于零。现在关于社区建设，许多人都在喊国家放，但很多职能，国家真要放出来，社会承接得住吗？“放得出”与“接得住”怎么衔接，里面还有很多问题需要仔细研究。

① 徐勇．村民自治的成长：行政放权与社会发育：1990年代后期以来中国村民自治发展进程的反思．华中师范大学学报（人文社会科学版），2005（2）.

第九章

大数据、社会研究与社会治理

随着大数据的兴起，基于大数据的社会治理也成为热门话题。社会各界和多个学科莫不跃跃欲试，与大数据社会治理有关的研究项目、会议和组织一时如雨后春笋般涌现。然而，即使在大数据时代，社会治理也离不开社会研究。社会治理是操作，社会研究获得的是原理，离开原理的操作不可能走得太远。大数据为揭示社会活动的规律提供了新的可能性，如能取得突破，其科学和应用价值不可估量。但目前进展并不乐观。需要反思的是：以大数据为基础的社会研究是否必要和可能？目前存在什么问题？这些问题是怎样形成的？又该如何突破？本章试图回答这些看似离社会治理很远，实则高度相关的问题。

一、大数据开发的两种取向：应用与科学

关于大数据研究，迈尔-舍恩伯格和库克耶在《大数据时代》一书中的论述在国内外流传甚广，影响极大[①]。该书的核心观点是说，大数据的崛起将给人类的信息分析工作带来三大转变：一是不再依赖随机采样，二是不再追求精确性，三是不必寻找因果关系。在他们看来，代表性、精确性和因果性都是小数据时代的思维观念。在那个时代，由于生产力和技术

① 迈尔-舍恩伯格，库克耶．大数据时代．周涛，等译．杭州：浙江人民出版社，2013.

水平的限制，获取和分析数据的成本比较高，所以人们倾向于用尽可能少的数据去预测尽可能多的现象，代表性、精确性和因果性等追求应运而生。而在大数据时代，数据的获取是如此快捷和低成本，能够获取的数据又是如此之全面，追求代表性、精确性和因果性也就没有必要了。

这一观点可以说全面颠覆了以往社会科学的主流观念。相应地，它也引发激烈的争议。那么，究竟应该怎样看待这一观点呢？仔细观察会发现，当前大数据开发中同时存在两种取向：一种是应用取向，一种是科学取向。迈尔-舍恩伯格和库克耶的观点虽然以纵论大数据的面目出现，实际只是其中应用取向的表现。如表 9－1 所示，这两种取向存在多个方面的区别，混淆两种取向之间的关系将给大数据开发造成严重的不良后果。

表 9－1　大数据开发中的两种取向

方面	应用取向	科学取向
价值期待	实用	原理
条件约束	时效	永恒
评价原则	完成	完美
工作标准	粗放	精确
工作内容	相关	因果

应用和科学这两种取向的分野，从根本上源于它们对大数据分析的价值期待不同，即应用取向追求实际功用，而科学取向追求一般原理。这是两种既有联系又有区别的追求。说有联系，是因为需求驱动创新，实际需要经常成为促进科学发展的强大动力，而科学原理则有利于更好地满足实际需要；说有区别，是因为人类对实际效用的追求并不必然引起甚至可能妨碍对科学的追求，反过来，人类付出不菲代价求得的科学原理常常没有

什么即时的应用，以致给时人造成一种不中用的感觉。这两种取向之间的关系，就如同学界争论已久的应用研究与基础研究之间的关系，其中的道理很显明，不赘述。

由于追求的目标不同，两种取向面对的约束条件也就不同。应用取向的大数据研究，由于重点是满足实际需要，而需求又是时时变动的，所以对时效性要求比较高；科学取向的大数据研究志在获得一般原理，而一般原理必须经得起时间的检验，所以更重视永恒性，对时效性不那么敏感。

相应地，在评价原则上，应用取向讲求结果导向，即完美与否是次要的，关键是在规定的时间内完成规定的任务；而科学取向则尊重探索，既然是探索，就允许试错，所谓试错，就是目标、任务和行动路线都可以根据新的发现不断调整。在这个意义上，科学无所谓完成不完成，或者说永远不会有完成，完美才是决定性的。

基于不同的评价原则，两种取向在工作标准上也存在显著差异。应用取向讲求时效和绩效，因此，只要边际效益递增即可接受，并不追求最优解，对工作结果的容错率较高。体现在大数据分析上，就是宁可粗放一些，也不能错过时机。而科学取向基于完美原则，一定会不懈地追求最优解，因此对工作结果的容错率比较低，对边际改进只能暂时接受。体现在大数据研究中，就是倾向于不惜代价地提高分析精度，不愿浅尝辄止、“小富即安”。

最后，从工作内容来看，揭示事物之间的因果关系是科学的本质所在，止步于相关关系对科学来说是不可接受的。但从应用的角度，效益才是第一位的，其他的都不重要。而效益的获得并不总是依赖于对因果关系的掌握，如果了解相关关系即可带来足够高的效益，就没有必要去探究背后的因果关系，尤其是当这个过程的代价比较高的时候。就像大数据分析发现，很多顾客在超市买婴儿尿布时会连带买啤酒，那么，将尿布和啤酒摆在一起，一定可以同时提高两种商品的销量。对商家来说，知道这一点就够了，至于为什么顾客在买尿布的同时会买啤酒，大可不必追究。也就是说，应用取向的大数据分析大可知其然而不知其所以然，但科学取向的大数据分析则必须揭示所以然。这是两者追求的目标不同所决定的。

综上所述，科学取向和应用取向对大数据分析有着不同的价值期待，进而决定了它们工作的内容、标准、约束条件以及对工作的评价原则也有所不同。显然，人类既需要应用，也需要科学，因此，两种取向的大数据分析都是人类所必需的，二者只是分工不同，并无高下之别。关键是怎样处理两种取向之间的关系，处理得好可以相得益彰，处理不好则会两败俱伤。

毋庸讳言，在大数据开发中，当前占主导地位的是应用取向。这样一种局面的形成，与应用取向的大数据研究相对来说难度更低、见效更快，同时更容易获得市场和资本的青睐有关系。这无可厚非。但一种值得忧虑的倾向是，许多人因此而轻视甚至否定科学取向的大数据研究。迈尔-舍恩伯格和库克耶的观点是这一倾向的典型代表。该观点的广泛流行表明这一倾向的影响不容小觑。应该说，这是一种短视而危险的倾向。人类不能满足于眼前的实用而放弃对科学的追求。且不说科学探索本身是一种乐趣，即使出于实用目的，放弃科学最终也会损害人类的福祉。就像中国古代，曾经有着遥遥领先的实用技术，最终却因为没有发展出物理、化学等纯粹的科学而落到西方后面。历史的教训应该记取。

中国当前方兴未艾的大数据社会治理，虽然涉及的是公共议题，主角是政府或公共事业组织，但从其思维和行为方式来看，也非常强调应用，急于事功而对发现事实背后的一般规律缺乏兴趣，应用取向色彩非常浓厚，比商界有过之而无不及。这是一种危险的倾向。没有理论指导的实践是盲目的，短期或有一定效果，长期来看一定不可持续。特别是，社会治理的对象是人，而人是有反思性的，即可以根据对未来的预测而调整当下的行为。这就要求大数据研究不仅能够实时监测社会当下的状态，更要求能够在一定程度上预测社会未来的状态，以便未雨绸缪。这就要求从当前的、已知的事实中去发现带有一般性、普遍性的规律。而发现规律，正是科学的兴趣和本职所在。因此，基于大数据的社会治理必须尽快扭转应用取向主导一切的局面，大力发展科学取向的大数据研究。

二、大而不精：关于大数据科学价值的疑虑

要发展科学取向的大数据研究，就必须重视社会科学的理论和方法。社会科学（social sciences）指用现代科学的思维和方法去探究社会运作规律的所有学科，是复数而非单数，通常包含社会学、经济学、政治学等等。也就是说，社会科学不等于社会学。不过，社会学有一个突出的特点，对于考察大数据与社会研究之间的关系却是极有意义的，即，它除了高度重视在研究中使用数据之外，还通过问卷调查、个案调查、参与观察、社会实验等方法亲自采集数据。在这个意义上，社会学可能是社会科学中对数据的环节涉猎最完整、体验最丰富的学科。因此，下文在讨论大数据与社会研究之间的关系时，会较多地援引社会学的观点、方法和事例。

社会学素来重视数据的采集和使用，但面对如火如荼的大数据热潮，却似乎有点无动于衷。截至目前，无论国内还是国外，应用大数据的社会学研究屈指可数。其中固然有大数据兴起时间不长，进入社会学研究尚有一个过程等客观原因，也与社会学家对大数据的科学价值心存疑虑有关。这些疑虑集中在四个方面，即大数据不够真、不够全、不够整齐、缺乏代表性。

不够真，是指大数据中的许多数值并不是真实社会过程的表示，比如微博数据中存在的大量假账号、假粉丝、灌水帖和虚假的个人注册信息等等。数据失真的情况有很多，大体可以分为两种：一种是由于技术失误或不成熟而产生的错误数据；另一种则是出于某种目的，故意操纵而产生的虚假数据。相对而言，前一种数据失真还好处理，后一种数据失真则比较麻烦，因为在技术较量中并不能保证优势在研究者这一边。任何数据的形成都存在失真的风险。但长期以来，社会学对数据采集中的失真风险已经形成一套较为成熟的控制体系，而大数据目前尚无与之相对应的办法。这是社会学家对大数据缺乏信心的原因之一。

不够全，是指大数据虽然大，实际上展现的社会信息却十分有限，以致难以以之为基础进行复杂的、严密的逻辑演算。社会学本质上是“群学”，在研究方法上特别注重分群比较。表现在统计上，就是倾向于根据个体的社会特征，比如性别、年龄、政治面貌、宗教信仰、教育程度、收入水平、职业、职级、所在行业等等，将研究对象分成若干组，然后比较组内差异和组间差异，并通过分析这些差异的原因和后果来揭示社会规律。这样，研究对象所具有的社会特征就成为社会学推理中不可或缺的变量。然而，大数据常常只有总和层次（aggregate level）的变量，并且不是很多，个体层次（individual level）的变量更是严重缺乏，致使社会学的大量理论构想难以通过大数据进行检验和修正。这是社会学家对大数据不感兴趣的原因之二。

不够整齐，指大数据中变量的取值往往非常杂乱、发散而不够收敛，甚至存在大量缺失。因此造成的一个后果是，当进行社会学所需要的分组比较时，大量组别内的个案数太少，以致统计结果不稳定，甚至无法进行比较。也就是说，大数据虽然体量巨大，从社会统计的角度来说却有些中看不中用。传统的社会学数据则不存在这个问题，因为这些数据中变量的赋值都是按照事先确定的统一标准进行的，即使是开放式调查，也可以通过后编码的方式实现取值的标准化。尽管从理论上说，大数据中各变量的取值也可以通过后编码的方式实现标准化，但正如后文将要指出的，由于技术、组织等多方面原因，事实上实现起来非常困难。这是社会学家对大数据态度冷淡的原因之三。

最后，是质疑大数据缺乏代表性。不少人认为，大数据就是全样本，样本代表性的思维已经过时。《大数据时代》一书就持这种观点。这是一种错误的看法。从科学的角度来说，研究网络社会最终还是为了探索整个社会生活。特别是社会学，揭示社会整体而非局部的运行规律是其作为一门学科的核心关切。而社会治理，更是要面向全社会，不能只面向网络社会。很显然，无论信息技术如何发达，来自网络社会的大数据永远不可能覆盖整个社会；技术，再加上法律、伦理等诸多限制，使得电子数据永远只能展现社会生活的局部。换言之，从社会研究和治理的角度来看，大数据再大，也只是社会总体的一个样本，不可能是全样本。更何况，被大数据遗漏的那些部分往往并不是随机偏差，而是系统性偏差。如果大数据的代表性问题得不到解决，探寻社会整体运行规律，从而推动全面善治的追求注定将遭到挫折。这无论对社会研究者，还是对社会治理者来说，都是不能接受的。大数据虽然以大著称，但它与社会总体之间的关系仍有许多依靠大数据本身无法得到澄清的问题。这是社会学家对大数据保持疑虑的原因之四。

比如，互联网上的各种意见，集合起来堪称海量，是当之无愧的大数据。但是，这些声音与全体国民的意见之间是什么关系？从社会学的角度来说，这个问题非常重要。因为在一个社会中，有大量民众是不想上网、不能上网或上不起网的，而恰恰这批人的意见是最容易被剥夺、被忽视的；如果简单地以网民意见代替国民意见，造成的偏差及其后果将是十分严重的。要避免这样的偏差，就必须追问网民意见在多大程度上、在什么意义上代表着国民意见。不澄清数据的代表性，理论分析就难免陷入就事论事或过度推论的困境。

上述四个方面其实都是关于数据质量的担忧。一言以蔽之，就是大数据大而不精，难以满足社会学推理对于变量的丰富程度、变量值的精确和标准化程度以及样本代表性的要求。

三、大数据对社会研究的机遇与挑战

不少学者因为大数据在真实、系统、整齐和代表性等方面存在问题而怀疑其科学价值，进而对大数据研究持观望态度。这些问题固然是事实，但同时应该看到，大数据也有相对于传统数据的优势。其中最突出的一点，是传统数据基本是拟态数据，而大数据基本是实态数据。所谓拟态数据，是指数据并非社会行为之实时的、原始的印迹，而是研究者通过某种研究设计去观测和捕捉的结果。由此造成三个问题：

第一，数据的形成高度依赖于研究设计。任何研究设计都是理论构想的产物，很显然，无论一个研究者多么追求客观，其理论构想都不可避免地存在偏见（bias），由此造成所搜集的数据存在误差，甚至是严重的、系统性的误差。尽管经验社会学力图通过可重复的“假设—检验”过程不断消除理论构想中的偏见，但仍然难以彻底摆脱自证预言陷阱，即基于某种研究假设而进行的数据采集，可能把一些能够证伪这些假设的数据排除在外，从而使这些假设永远不会被证伪。

第二，与此同时，数据的形成也高度依赖于研究对象对研究设计的反应。社会研究的对象是人，而人是有反思能力的，会主动理解外部环境并相应调整自己的行为。同样地，在社会研究中，研究设计作为一种外部因素，也会影响研究对象的反应，从而导致测量不准。比如，调查问卷中的问题设置可能对受访者形成某种心理暗示，调查者的举止客观上会对受访者形成某种压力，从而诱导或迫使受访者往特定方向做出反应。如此等等。要言之，在社会研究中，研究设计的介入会在不同程度上干扰研究者本来的状态，从而使通过该设计所获得的数据出现误差。此即所谓“霍桑效应”。

第三，传统数据无论多么真实、系统、整齐和有代表性，相对于所观测的社会行为，它永远都是事后构拟的结果。即使是参与式观察，数据的发生与行为的发生也不是同步的，同样存在时间上的差异，只不过差异相对较小而已。至于抽样调查等数据采集方式所造成的差异就更大了。设研究者和被研究者都有前后两种状态，在前的记为 S_1，在后的记为 S_2，时间上的差异的存在意味着，S_2 会影响对 S_1 信息的捕捉，从而造成数据误差。比如，一个劳动者在失业后回忆失业前的职业状况时，受失业后精神状态的影响，可能夸大失业前的职业地位。

总之，在传统的社会研究中，数据多是研究者基于一定的研究设计对社会行为进行观测的结果，获得的只是拟态数据，并且由于多种因素影响，拟态数据对社会现实的观测总是存在误差，甚至发生严重的系统性误差。而大数据则不同，它是实态数据。这表现在，它或者是社会行动者主动生成的（比如微博），或者是自动生成的（比如 APP 所记录的活动轨迹），总之是社会行为的实时印迹，而非事后的构拟。这样，首先是真正实现了数据与行为同步发生，避免了延时观测或记录所造成的误差；其次，数据在形成过程中没有研究设计的介入，避免了研究设计不周延以及霍桑效应所造成的误差。从这个意义上讲，大数据对社会研究不啻是天赐良机。

然而，更重要的是，对社会研究来说，大数据不仅意味着机遇，而且是一个无法回避的挑战，因为互联网的出现已经深刻地改变了社会生态。这表现在，随着互联网应用的日益广泛和深入，一方面是“社会的数字化”，即社会中各色人等有意无意留下的数据足迹越来越丰富，现实社会活动于是越来越多地以数据的形式表现出来；另一方面是“数字的社会化”，即数据足迹及其结构本身就成为社会结构和过程的一个环节，从而不断塑造着新的社会秩序和关系。这两个过程连绵不绝地相互作用，使数据不再是现实社会的虚拟和映射，而是彻底与社会融为一体。这样，只要研究社会，就必须研究数据，因为数据已经不再是研究者可以自主选择的研究方法和手段，而是研究者无法选择也无法回避的社会本体的一部分。

典型的例子是网购。在网购之后，部分消费者会留下网评。首先，这些网评没有代表性，因为并不是所有消费者都会通过互联网购物，即使通过互联网购物，也不是所有人都会留下网评。其次，网评所对应的实质含义并不清晰：同样是给五星，有的是对商品质量的评价，有的是对快递速度的评价，有的是对商家态度的评价，如此等等，不一而足——有些商家尽管已经在设计上把上述几个方面分开，但消费者未必按照设计的板块去回答。最后，有些网评甚至是商家或其他行动者恶意操纵、造假的结果。但是，不管怎样，后来的消费者在购物时都会不同程度地参考这些网评。换言之，不管这些网评的真伪、含义和代表性如何，它们反正都会影响实际的购物行为；数据可能是虚假的、含糊的，但造成的结果却是真实的、确定的。这样一种现象意味着，网评作为大数据已经与现实的消费行为高度融合，你只要研究消费行为，就绕不开大数据。消费会影响生产，将来关于生产的研究恐怕也得研究这些网评数据。

现在流行一种观点，说互联网世界是对现实世界的映射，是与现实社会相对应的虚拟社会。这种观点是不对的。它只看到了“社会的数字化”，而未看到同时存在着的另一个方面——“数字的社会化”，更未看到这两个方面已经实现高度融合，即以互联网为中介，社会不断地演变为数据，数据又不断地演变为社会。这样一种社会形态的出现决定了，社会研究不面对大数据已经不可能了；要面对大数据已无须讨论，需要讨论的只是怎样面对大数据。

四、大数据的三重面相与不同学科的角色

大数据通常是指复杂程度大到超出常规处理能力的数据。大数据何以复杂？是因为它具有传统数据所不具有的独特特征。关于大数据的特征，

分别有 3V、4V 和 5V 之说。所谓 3V，是指大数据具有规模大（volume）、变化快（velocity）、结构杂（variety）等三个特点。4V 则是再加一个特征——价值密度低（value），即相对于传统数据，同样单位大数据中的价值含量要低得多。4V 再加上 veracity，即是 5V。veracity 意为真实性。关于真实性怎么理解，可能有歧义。据笔者理解，这里所谓真实性，不是指大数据中没有造假。由于技术、利益或道德原因，大数据中的错误和操纵比比皆是。这里说的真实性，应该指大数据是行动者根据本人意图而独立形成的，不受研究者的干涉和干扰。即使其中有造假，也是行为人基于自己独立的原因而造假，不是出于对某种研究设计的反应而造假。易言之，数据的形成与研究者的意图是相互独立的，不存在相互反馈；相对于特定的研究意图来说，大数据是真实的、无欺的。不难发现，这个意义上的真实性，其实就是前面所指出的：大数据是实态数据，而非拟态数据。

无论 3V、4V 还是 5V，都对大数据的特征做了很好的概括。但在这些概括之外，基于推动学科合作的目的，本章更想指出大数据的三重属性：

第一，如其名称所示，大数据具有数据属性，即它表现为一组有意义、有逻辑、可追寻、可计量的数值，可以用来揭示特定事件发生和演变的规律。这是任何数据，不管大数据，还是传统数据，都具有的属性。只不过，传统数据是围绕特定意图并根据集中设计而形成的，价值密度很高；而大数据是用户自发形成的，比较散乱，价值密度低，追寻其意义和逻辑的工作也就更复杂。

第二，大数据具有强烈的技术属性。一方面，大数据的产生和形成与以互联网为代表的信息技术的迅猛发展有关；另一方面，大数据的收集和处理也离不开信息技术。可以说，正是信息技术的无远弗届和强大处理能力，成就了大数据之大。离开信息技术，不仅没有物理意义上的大数据，也不会有逻辑意义上的大数据。传统数据的搜集和处理也会运用技术，但这些技术多是模块化、标准化和单机版的，易学易用，而大数据收集和处理所涉及的技术就要复杂得多。

第三，大数据具有强烈的社会属性。大数据有两个基本来源：一个是物理世界，比如对气象、设施、机械等运作状况的监测结果；另一个便是人类社会①。社会研究主要涉及第二种来源的大数据。与传统数据的形成是一个高度控制性的过程不同，大数据的形成是一个高度开放性的过程。原因在于，大数据是特定人群范围在特定时间内活动的实时印迹和同步记录。这意味着，民众在数据形成中的角色由以往的被动变成了主动（包括自动）。在此过程中，参与的主体、过程和结果均不受研究者选择和控制。可以说，正是民众广泛而主动地参与数据形成，才成就了大数据之大。民众在数据形成过程中的广泛参与性，就是这里所说的大数据的社会属性。

既然大数据同时具有上述三重属性，那么，如图 9－1 所示，任何关于大数据的分析和应用就必须同时处理这三重属性，方能修得正果。而这需要三个学科，即统计科学、计算机科学和社会科学的通力合作。其中，计算机科学侧重处理技术属性，统计科学侧重应对数据属性，社会科学则侧重探寻社会属性。

---

① 李国杰，程学旗．大数据研究：未来科技及经济社会发展的重大战略领域：大数据的研究现状与科学思考．中国科学院院刊，2012，27（6）．

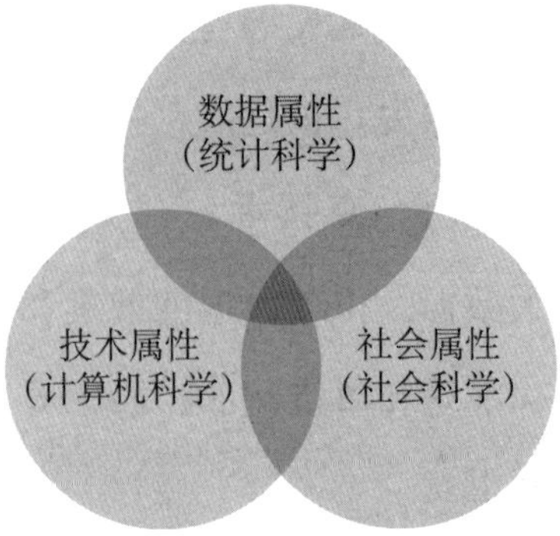

图 9-1　大数据的三重属性与相关学科

那么，三个学科究竟应该怎样分工和合作呢？这得从大数据社会研究的过程说起。基于大数据的社会研究大体可以划分为三个阶段：数据爬梳、数据分析和数据解释。如图 9-2 所示，在随着阶段的变化，三个学科所扮演的角色及相互关系也会发生变化。

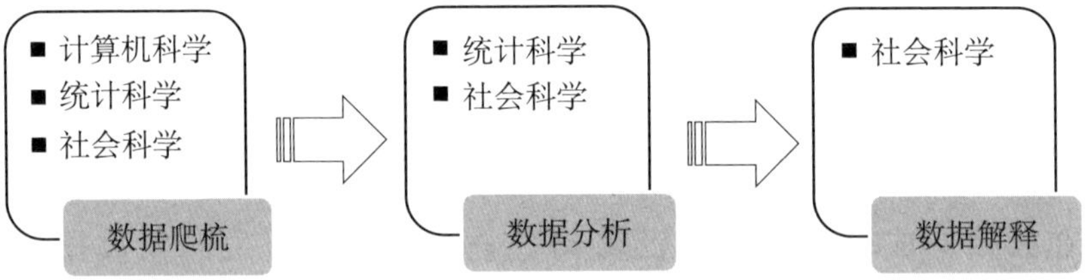

图 9-2　大数据研究的基本流程与不同学科的角色

首先来看第一阶段，数据爬梳。该阶段的中心任务是实现数据形态从杂乱数据（messy data）向主题数据（thematic data）、从物理数据（physical data）向逻辑数据（logic data）的转变。具体来说是两个内容：一是数据的抽取，即根据特定的研究目的，从海量、多变而杂乱的数据足迹中把与研究主题相关的数据识别出来；二是根据分析的需要，把抽取出来的数据重新分类和赋值，实现数据的结构化。巧妇难为无米之炊，只有形成符合相应逻辑和格式要求的数据，后续分析和解释才有米下锅。很显然，计算机科学是完成该任务的主角。原因很简单：以大数据之海量、多变和杂乱，传统的数据处理软件根本无法应付，必须运用深度学习、社会计算、知识计算等专门技术[①]。而这些技术之复杂和更新速度之快，不是其他学科的学者短时间能够掌握的，即使能够掌握也很不符合效率原则，因此必须有计算机科学的加入。

但这并不是说，社会科学和统计科学在这一阶段不重要，事实正好相反。如上所述，数据爬梳的核心任务是实现杂乱数据向主题数据、物理数据向逻辑数据的转变。这意味着，主题和逻辑的确定非常关键，否则数据的抽取和结构化就没有方向。而主题和逻辑来自对社会的洞察，这就需要社会科学。迈尔-舍恩伯格等人在《大数据时代》一书中提倡"让数据自己说话"。这个说法是站不住的。数据自己不可能说话，而只有经过理论指导的爬梳之后才能说话。没有爬梳，数据就是一团乱麻，不能说话；即使说话，也是胡话。而要爬梳，就离不开理论的指导。

当然，社会科学对主题和逻辑的确定并非一蹴而就，也需要不断地探索。所谓探索，就是在理论构想与数据事实之间来回折冲，最后选择一个最佳方案。在此过程中，必然进行一些初步的、探索性的统计分析，因此，在这一阶段，统计科学的介入也是必不可少的。

数据爬梳一旦完成，就进入第二个阶段——数据分析，即挖掘数据之间的逻辑关系。这自然要用到统计科学，但模型的建立、参数的选择等等，都离不开社会科学理论的指导。这已经是社会研究的常识，不赘述。由于爬梳好的数据已经按照一定主题和逻辑实现了结构化，因此可

---

① 程学旗，靳小龙，王元卓，等．大数据系统和分析技术综述．软件学报，2014，25（9）．

以用传统的社会统计软件进行分析，计算机科学相应就退出了这一阶段的工作。

接下来是第三个阶段——数据解释，即从当下数据之间已知的逻辑关系出发，去推断更有一般性的规律，揭示更有一般性的原理。这个过程主要靠社会科学的理论思辨发挥作用，故连统计科学也退出舞台。

综上所述，社会科学是唯一贯穿三个阶段的学科。但这并不是说社会科学具有高于其他两个学科的特殊地位，毋宁说，社会科学对于大数据研究非常重要。这一点是连迈尔-舍恩伯格和库克耶都不否认的。在《大数据时代》中，他们一方面声称要终结因果分析，以便“让数据自己说话”，但另一方面也承认，因果关系的终结并不等于理论的终结。理论的终结的说法是荒谬的：“大数据时代绝对不是一个理论消亡的时代，相反地，理论贯穿于大数据分析的方方面面。”①

然而，当前的大数据研究，特别是国内的大数据研究，颇有些迷信“让数据自己说话”，忽视甚至轻视社会理论的倾向较为严重。事实上，即使是持这种态度的研究，也不是完全没有理论的指引，只是这些“理论”多属非专业学者对社会的直觉，不够系统和严密；或者不了解相关领域的理论进展，偶然发现一个理论便如获至宝，然后不顾适用条件地大用特用。社会科学的加入有利于改变这种凭感觉进行数据爬梳的状态。在大数据研究的草莽时代，凭直觉进行相关研究也许能在短期内取得一些甚至很“惊艳”的成绩，但从长期来看是没有竞争力的，是不可持续的。毕竟大数据具有强烈的社会属性，而术业有专攻，社会也不是凭直觉或所谓“智

① 迈尔-舍恩伯格，库克耶．大数据时代．周涛，等译．杭州：浙江人民出版社，2013：94.

慧”就能参透的。

计算机科学家格雷曾在2007年提出大数据是第四研究范式的观点。根据该观点，人类历史上先后有实验、理论推演、电脑仿真等三种科学发现范式。而现在人类能够采集和处理的数据是如此之多和大，以至研究者能够直接依靠现实的数据进行科学探索和发现。这就是所谓第四范式，即数据密集型的科学发现（data-intensive scientific discovery）①。该观点虽然突出大数据在科学探索过程中的驱动作用，但并不否认理论的指导意义。第四范式的精髓，并不是用大数据完全代替前三代范式中的实验、理论和模拟，而是在新的基础上将实验、理论、模拟与数据统一起来。第四范式中的“格雷法则”正是理论发挥引领作用的体现。

五、当前大数据社会研究面临的主要难题

大数据的三重属性决定了，基于大数据的社会研究需要信息技术、统计分析和社会思想等三种力量，从而需要计算机科学、统计科学和社会科学等三个学科的紧密合作。然而，当前大数据社会研究的主要障碍，正在于这三个学科之间的合作比较困难。事实上，在以前的小数据时代，这三个学科曾经有过很好的合作。但大数据迥异于小数据的特征，使得原来的合作方式难以为继，而新的合作方式又一时难以建立。造成这种局面的原因，可以概括为两个方面：一是技术或曰生产力方面的，即每个学科在大数据时代都面临新的困境，难以充分满足彼此的要求；二是体制或曰生产关系方面的，即正是在这种情况下，不同学科之间的关系需要加紧调整和

---

① TONY H，STEWART T，KRISTIN T. 第四范式：数据密集型科学发现. 潘教峰，张晓林，等译. 北京：科学出版社，2012.

磨合，但由于学科属性、学科建制和市场选择等原因，调整和磨合的过程很艰难。

在历史上，计算机科学、统计科学和社会科学这三个学科一直有合作。相对来说，社会科学与统计科学的合作更紧密，社会科学借助新的统计技术和模型得以迅速发展，而社会科学问题的挑战也是推动统计科学不断发展的重要动力。两个学科的紧密结合，使社会统计学成为独立的课程和研究领域。而计算机技术也为社会统计学的形成和发展贡献良多，社会统计的软件化和 SPSS、SAS、STATA 等著名统计软件的推出，更是使社会统计作为一种理论和方法前所未有地繁荣。然而，大数据的出现对每个学科及其相互关系都提出了挑战。

首先，对社会科学来说，以前虽然也在不断地收集和分析数据，但数据爬梳的任务很少。即使有，也主要是清除其中的噪声（比如数据中的作伪和逻辑矛盾）。而且由于这些数据都是根据一定研究设计而收集的，量小、集中、形态稳定并且结构化，因此，即使噪声的清除，也可以用标准化、模块化的统计软件进行，社会学家只要在既有的统计软件平台上编程即可实现。而到了大数据时代，数据的基本特征是海量而且价值密度低，更要命的是多源、多变、异构、杂乱，数据爬梳的重点也随之从噪声的清除转向了数据的识别（抽取）和结构化。也就是说，大数据是高度非标准化、非结构化的，标准化、模块化的统计软件显然不能胜任。由于大数据的上述特征，甚至连噪声的清除也难以通过统计软件完成。

统计软件是标准化、模块化的，相对来说易学、易用，社会学家经过努力总还能够掌握和运用。而现在大数据的处理，常常要求根据研究对象的特征从头构造或调整算法甚至处理系统，这就超出了一般社会学家的能力，即使努力为之，也不符合效率原则。总之，大数据使社会科学对计算机科学的依赖程度大大加深。

在大数据出现之前，社会科学也有通过编码把定性数据转变成可用于统计分析的计量数据的做法。这个工作在基本原理上与大数据爬梳相似，即反复聚类。其工作过程大致如下：初步理论构想→通览原始资料→初步分类并编码→通览分类结果→调整理论构想→再读原始资料→调整分类并编码→……如此循环往复，直到分类和编码达到理论要求为止。这样一个工作过程，现在虽然有 Nvivo 等软件的帮助而省力很多，但仍然无法应付大数据。除了大数据本身规模巨大、结构复杂等原因之外，更要命的是，以往分类和编码的对象是确定的，而大数据的一个重要特征是频繁变动，这意味着前后两次分类所面对的对象很可能不同（比如试图对网络“公知”进行分类，前后两天抓取的网络“公知”在人数和构成上很可能不同），从而使前一次分类对后续的分类调整失去参考意义，通过反复聚类实现合理分类编码的期望随之落空。要适应大数据多变的特征，必须依赖计算机技术。

然而，可能让社会科学失望的是，计算机对大数据的处理也不是手到擒来。其挑战主要在三个方面：一是数据本身的复杂性，即数据的类型和模式多样、关联关系繁杂、质量参差不齐，使得数据的感知、表达、理解和计算等多个环节都面临不少难题；二是计算的复杂性，即大数据多源、异构、量大、多变等特征使传统的机器学习、信息检索、数据挖掘等计算方法不能有效支持大数据的处理、分析和计算；三是系统的复杂性，目前的计算机硬件和软件系统在系统架构、计算框架和处理方法上都还难以满足大数据处理的需要[①]。由于这些原因，目前计算机科学在数据爬梳技术的精度、效率、成本和易用性等方面，都难以满足社会研究的需要。当然，除了这些技术限制之外，还有伦理、法律等方面的限制。

其次，在社会科学更加依赖计算机科学的同时，计算机科学也更加依赖社会科学。原因在于，计算机科学虽然在信息处理方面技术非常强悍，但与以往不同的是，大数据是人类社会活动的产物，具有强烈而且不断变动的社会属性。离开对这些社会属性的理解，再好的算法和系统都不知道派什么用场，怎么派用场。如前所述，一些计算机学者凭着对社会的直觉也可能做出不错的大数据研究，但这并非长久之计。就此而言，计算机科学对社会科学的依赖也在加深。然而，社会科学的思想和理论通常比较晦涩、飘忽，让计算机学者难以在这些思想理论与计算机的工作对象之间建立起映射关系。社会科学如何将抽象的思想和理论变成计算机学者可以理解、可以操作的任务，还有很长的路要走。

最后，数据爬梳也需要统计科学的介入，但统计科学面对大数据同样有自己的难题。数据爬梳并不是一个纯粹的技术过程，而是一个数据与思想反复碰撞的过程。在此过程中，需要不断对爬梳出来的数据进行统计分析，然后相应调整理论方案或技术路线。大数据再大，终归也是一种数据，必然适用统计科学。统计科学对数据爬梳也很重要。然而，传统统计科学是基于小数据时代的条件而发展起来，无论理论还是方法都是以样本为基础展开的。但在大数据时代，数据的属性发生了很多变化，从而对统计科学的传统理论和方法构成严峻挑战。比如，大数据中不同个案的发生

---

① 程学旗，靳小龙，王元卓，等. 大数据系统和分析技术综述. 软件学报，2014，25（9）.

经常不是独立随机事件，而是相互之间存在着强烈的正反馈或负反馈（典型表现是围绕特定事件而展开的公共讨论）；大数据独特的分布特征（比如重尾分布）会导致方差、标准差等标准方法变得无效，分布理论、大数定律和中心极限定理的应用也会受到限制①；如此等等。

总而言之，大数据对三个学科既有的研究范式都提出了新的挑战。这些挑战，一方面使它们更加相互依赖，但另一方面也使它们比以前更加难以满足彼此的需要，以致难以走到一起，甚或不欢而散。这就更需要三个学科求同化异，以更大的耐心和毅力推进合作。但不幸的是，合作的推进又面临学科属性、学科建制和学术市场等方面的障碍。

首先，因学科属性不同，三个学科在研究活动的组织方式上存在重大差别，从而影响相互之间的合作。在三个学科中，相对而言，计算机科学的研究活动具有更强的工程性质。这表现在，它可以将研究目标分解为若干边界比较清晰的任务，然后交由不同的研究人员和组织去实施，实现分进合击。相应地，其研究活动通常采用团队作战的实验室体制。同样由于其活动的工程性质，计算机科学的研究进度相对可控制、可预测。而另两个学科，尤其是社会科学的研究活动则具有鲜明的思想属性。思想工作是很难分解的，难以想象让甲思考 A 部分，乙思考 B 部分，然后组合起来，就形成一个思想了。因此社会研究常常以个体的形式进行，很难采取团队作战的方式。与此同时，即使个人的思考，也比较依赖灵感，进度很难控制和预测。学科属性的差异给学科之间的合作造成一定困难。

举例言之。社会学家经常在拿到数据后一时在理论上没有思路，于是

---

① 游士兵，张佩，姚雪梅．大数据对统计学的挑战和机遇．珞珈管理评论，2013（2）．

陷入沉思，很长时间没有下文。也许突然有一天，理论灵感来了，他就急不可耐地想探测一下数据，看看新的思路是否可行，如果不可行又该如何调整。如此反复。正因为如此，社会学家的研究工作常常显得大起大落，节奏很不稳定。这虽然是社会科学研究活动的固有特征，但确实让其他学科很难配合，甚至引起一些误解，认为社会学家“不靠谱”。

其次，还有学科建制上的障碍。按当前体制，这三个学科往往分属不同的研究单位。组织归属不同，科研议程的设置、资源的配备、绩效的考核也就不同。在以前，学科之间在建制上的分割并不构成学科合作的严重障碍。因为在那个时候，学科之间的结合通常是知识的结合，而不需要组织建制的结合；只要有那么一两个学术精英善于结合不同学科的知识，创造出若干标准化的知识模板或研究范式，其他学者只管遵循和借鉴就可以了。在此过程中，学科之间主要是在知识上打交道，无须在组织和人员上打交道，即使打交道，也无须很多。现在则不然。大数据的基本特征恰恰是高度复杂，亦即高度非标准化。这一方面意味着，学科合作已经难以通过标准化的知识模板进行，而常常需要围绕特定问题一事一议地、面对面地碰撞和交流，从而需要把学科合作从知识层面延伸到组织和人事层面；另一方面也意味着，学科合作涉及的知识越来越多、越来越细、越来越复杂，相应地，标准化的知识模板也越来越难以形成。如此，怎样打破学科壁垒，通过组织和人员的融合来实现学科之间的融合，就成为一个重大问题，目前还没有找到有效的破解之道。

最后是市场选择。在大数据开发的两种取向中，社会研究更偏于科学取向，产品质量要求高，生产周期长，生产成本高，短期内却难以见到效益，自然在市场上不讨喜，因而在研究资源的获取上受到很大限制。而另两个学科，特别是计算机科学，其工作更容易被市场接受，更容易走应用取向路线。这样一种局面，对三个学科能否亲密合作，把一场注定艰辛的“爱情长跑”坚持到底是一个严峻的考验。从目前来看，形势并不乐观。

六、迈向更加整合的大数据开发

随着互联网的普及和信息技术的迅速发展，以及国家对大数据社会治理的力推，大数据研究也越来越热。当前大数据开发中存在着科学和应用两种取向，且呈应用取向完全压倒科学取向之势。这不利于大数据研究的可持续发展。大数据兼有技术、数据、社会等三重属性，要推进科学取向的大数据研究，就必须有机地结合信息技术、统计和社会思想等三种力量。这内在地要求计算机科学、统计科学和社会科学等三个学科摒弃门户之见，实现通力合作。大数据研究绕不过社会科学，社会科学也绕不过大数据。在当前，由于各自技术能力的局限，学科属性的差异、学科体制的障碍、市场选择的偏向，三个学科之间的合作还比较困难。

这导致目前完整意义上的大数据研究并不多。从社会科学方面来看，多是利用一些已经比较结构化的大数据展开研究①，真正自己从头采集和爬梳数据的研究非常少②。由于这些数据的变量数量、变量的取值和层次，以及样本的代表性等等，不尽符合社会科学命题的要求，以致能够进行的

---

① 陈云松．大数据中的百年社会学：基于百万书籍的文化影响力研究．社会学研究，2015，30（1）；RIJT A，SHOR E，WARD C，et al. Only 15 minutes? the social stratification of fame in printed media. American sociological review，2013，78（2）.

② King，Pan 和 Roberts 算是少有的例外。（KING G，PAN J，ROBERTS M E. Reverse-engineering censorship in China：randomized experimentation and participant observation. Science，2013，345（6199）.）

社会科学理论推演十分有限，甚至只能做一些粗浅的、宏观层面的描述统计。而计算机科学虽然在数据爬梳方面做了很多工作，但在研究主题的凝炼和对社会机制的理解方面都比较薄弱，即使拉泽尔等人著名的《计算社会科学》一文亦不免此病[①]。这是缺乏社会理论引领的结果。总的来看，要真正做出既有思想深度，又有坚实数据支撑的大数据研究，还任重而道远。

现代社会是一个复杂而多变的巨系统，社会治理不能凭感觉率性而为。顺应社会和技术形势的变化，在社会治理过程中主动利用大数据，是社会治理方略的重大进步。与自然世界的运作一样，社会运作也有自己的规律。大数据虽然看上去庞大而“全面”，但其中蕴含的社会规律并不会自然显露，同样需要经过艰苦的科学探索。这就需要积极推进科学取向的大数据社会研究。离开坚实的社会研究，所谓以大数据为基础的社会治理只会是一枕黄粱。当前，在大数据研究领域，包括对大数据社会治理的研究，广泛存在着急功近利的倾向和对应用取向的迷恋。这要求政府应在尊重应用与科学两种取向合理分工的前提下，充分发挥调节作用，把科学取向的大数据研究提上重要日程，同时加大资源投入，将大数据研究作为一个基础性和战略性项目来支持。

---

① LAZER D，PENTLAND A，ADAMIC L，et al. Computational social science. Science，2009，323（5915）.

参考文献

中文文献：

[1] TONY H，STEWART T，KRISTIN T. 第四范式：数据密集型科学发现．潘教峰，张晓林，等译. 北京：科学出版社，2012.

[2] 奥尔森．集体行动的逻辑．陈郁，郭宇峰，李崇新，译. 上海：上海人民出版社，1995.

[3] 把处理人民来信工作向前推进一步．人民日报，1953－11－02（1).

[4] 北京市地方志编纂委员会．北京志・公安志．北京：北京出版社，2003.

[5] 北京市地方志编纂委员会．北京志・政府志（送审稿). 未印行．国家图书馆藏，2001.

[6] 北京市委党史研究室．北京市重要文献选编（1952). 北京：中国档案出版社，2002.

[7] 北京市委党史研究室．北京市重要文献选编（1961). 北京：中国档案出版社，2005.

[8] 北京市委党史研究室．北京市重要文献选编（1965). 北京：中国档案出版社，2007.

[9] 北京市信访办课题组．信访理念，信访实践（上、下），信访制度研究资料汇编．未印行，2010.

[10] 本刊评论员．竭尽全力稳定治安．人民公安，1994（5）.

[11] 本书编写组. 关于《坚持和完善中国特色社会主义制度、推进国家治理体系和治理能力现代化若干重大问题的决定》辅导读本．北京：人民出版社，2019.

[12] 必须肃清官僚主义．人民日报，1952－05－30（3）.

[13] 必须重视人民来信来访．人民日报，1977－09－04（2）.

[14] 财政部，国家税务总局．2015 年全国一般公共预算支出决算表. http：//yss. mof. gov. cn/2015js/201607/t20160720_2365732. html.

[15] 蔡禾，贺霞旭．城市社区异质性与社区凝聚力：以社区邻里关系为研究对象．中山大学学报（社会科学版），2014，54（2）.

[16] 蔡禾．社区建设：目标选择与行动效绩．广西民族学院学报（哲学社会科学版），2003（4）.

[17] 曹春方，傅超．官员任期与地方国企捐赠：官员会追求"慈善"吗？．财经研究，2015，41（4）.

[18] 陈柏峰．缠讼、信访和新中国法律传统．中外法学，2004（2）.

[19] 陈宝良．中国的社与会（增订本）. 杭州：浙江人民出版社，2011.

[20] 陈长河．国民党政府社会部组织概况．民国档案，1991（2）.

[21] 陈福平，黎熙元．当代社区的两种空间：地域与社会网络．社会，2008（5）.

[22] 陈力卫．词源（二则）//孙江．亚洲概念史研究：第 1 卷．北京：

商务印书馆，2018.

［23］陈荣光．北京市人民来信来访工作史料一组．北京市档案史资料，2005（3）.

［24］陈云松．从“行政社区”到“公民社区”．城市发展研究，2004（4）.

［25］陈云松．大数据中的百年社会学：基于百万书籍的文化影响力研究．社会学研究，2015，30（1）.

［26］程学旗，靳小龙，王元卓，等．大数据系统和分析技术综述．软件学报，2014，25（9）.

［27］崔应令．近代西方“society”观念的生成．武汉大学学报（人文科学版），2011，64（6）.

［28］崔应令．中国近代“社会”观念的生成．社会，2015，35（2）.

［29］邓小平．邓小平文选：第2卷．2版．北京：人民出版社，1994.

［30］邓小平．邓小平文选：第3卷．北京：人民出版社，1993.

［31］刁杰成．人民信访史略．北京：北京经济学院出版社，1996.

［32］董颖鑫．从理想性到工具性：当代中国政治典型产生原因的多维分析．浙江社会科学，2009（5）.

［33］多斯桑托斯．帝国主义与依附．毛金里，白凤森，杨衍永，等译．北京：社会科学文献出版社，1992.

［34］发刊词．社会建设，1944（1）.

［35］费孝通．对上海社区建设的一点思考：在“组织与体制：上海社区发展理论研讨会”上的讲话．社会学研究，2002（4）.

［36］费孝通．乡土中国．北京：北京出版社，2011.

［37］费约翰．唤醒中国：国民革命中的政治、文化与阶级．李霞，等译．北京：生活·读书·新知三联书店，2004.

［38］冯凯．中国“社会”：一个扰人概念的历史//孙江．亚洲概念史研究：第 2 卷．北京：商务印书馆，2018.

［39］冯猛．项目制下的“政府—农民”共事行为分析：基于东北特拉河镇的长时段观察．南京农业大学学报（社会科学版），2015，15（5）.

［40］冯仕政．典型：一个政治社会学的研究．学海，2003（3）.

［41］冯仕政．发展、秩序、现代化：转型悖论与当代中国社会治理的主题．中国人民大学学报，2021，35（1）.

［42］冯仕政．法治、政治与中国现代化．学海，2011（4）.

［43］冯仕政．人民政治逻辑与社会冲突治理：两类矛盾学说的历史实践．学海，2014（3）.

［44］冯仕政．西方社会运动理论研究．北京：中国人民大学出版社，2013.

［45］冯仕政．中国道路与社会治理现代化．社会科学，2020（7）.

［46］冯仕政．中国国家运动的形成与变异：基于政体的整体性解释．开放时代，2011（1）.

［47］干春松．中国政治哲学史：第 3 卷．北京：中国人民大学出版社，2019.

［48］高民政，郭圣莉．居民自治与城市治理：建国初期城市居民委员会的创建．政治学研究，2003（1）.

［49］耿曙，胡玉松．突发事件中的国家—社会关系：上海基层社区“抗非”考察．社会，2011（6）.

[50] 管兵．城市政府结构与社会组织发育．社会学研究，2013，28 (4).

[51] 桂勇，黄荣贵．城市社区：共同体还是“互不相关的邻里”．华中师范大学学报（人文社会科学版），2006 (6).

[52] 国务院．信访条例．北京：人民出版社，1995.

[53] 国务院．信访条例．北京：人民出版社，2005.

[54] 哈贝马斯．公共领域的结构转型．曹卫东，等译．上海：学林出版社，1999.

[55] 何海兵．我国城市基层社会管理体制的变迁：从单位制、街居制到社区制．管理世界，2003 (6).

[56] 洪大用．社会治理的关键是治理流动性．社会治理，2017 (6).

[57] 洪大用．有效治理流动性是社会治理创新关键．新华日报，2018-05-22 (3).

[58] 胡鸿保，姜振华．从“社区”的语词历程看一个社会学概念内涵的演化．学术论坛，2002 (5).

[59] 胡梦．社会建设：源起、概念辨析与时代特色：民国时期社会建设的释义问题．内蒙古大学学报（哲学社会科学版），2018，50 (4).

[60] 胡荣．农民上访与政治信任的流失．社会学研究，2007 (3).

[61] 黄光祖，李昱．市场经济条件下人民内部矛盾和群体性事件及其处置．公安研究，1994 (6).

[62] 黄克武．晚清社会学的翻译：以严复与章炳麟的译作例//孙江．亚洲概念史研究：第1卷．北京：商务印书馆，2018.

[63] 黄晓星，杨杰．社会服务组织的边界生产：基于Z市家庭综合

服务中心的研究．社会学研究，2015，30（6）．

［64］江泽民．江泽民文选：第1卷．2版．北京：人民出版社，2006．

［65］姜振华，胡鸿保．社区概念发展的历程．中国青年政治学院学报，2002（4）．

［66］蒋铮，张卉．“工闹”真相．羊城晚报，2011－11－04（A6）．

［67］结合整风运动，加强处理人民来信来访工作．人民日报，1957－06－03（1）．

［68］金观涛，刘青峰．观念史研究：中国现代史重要政治术语的形成．北京：法律出版社，2009．

［69］克服官僚主义 调节内部矛盾．人民日报，1957－06－03（1）．

［70］孔德．论实证精神．黄建华，译．北京：商务印书馆，1996．

［71］黎熙元，陈福平．社区论辩：转型期中国城市社区的形态转变．社会学研究，2008（2）．

［72］李国杰，程学旗．大数据研究：未来科技及经济社会发展的重大战略领域：大数据的研究现状与科学思考．中国科学院院刊，2012，27（6）．

［73］李宏勃．法制现代化进程中的人民信访．北京：清华大学出版社，2007．

［74］李洁瑾，桂勇，陆铭．村民异质性与农村社区的信任：一项对农村地区的实证研究．中共福建省委党校学报，2007（2）．

［75］李猛．“社会”的构成：自然法与现代社会理论的基础．中国社会科学，2012（10）．

［76］李猛．在自然与历史之间：“自然状态”与现代政治理解的历史

化．学术月刊，2013，45（1）.

［77］李培林．社会治理与社会体制改革．国家行政学院学报，2014（4）.

［78］李秋学．中国信访史论．北京：中国社会科学出版社，2009.

［79］李友梅，肖瑛，黄晓春．当代中国社会建设的公共性困境及其超越．中国社会科学，2012（4）.

［80］李友梅．社区治理：公民社会的微观基础．社会，2007（2）.

［81］列宁．列宁选集：第3卷．3版．北京：人民出版社，1995.

［82］林毅夫，蔡昉，李周．中国的奇迹：发展战略与经济奇迹．上海：上海三联书店，上海人民出版社，1994.

［83］刘浩然．集体行为的概念系统与中国经验．法制与社会，2011（11）.

［84］刘能．当代中国群体性集体行动的几点理论思考．开放时代，2008（3）.

［85］刘能．当代中国转型社会中的集体行动：对过去三十年间三次集体行动浪潮的一个回顾．学海，2009（4）.

［86］刘平．单位制的演变与信访制度改革．人文杂志，2011（6）.

［87］刘少奇．刘少奇选集：下．北京：人民出版社，1985.

［88］刘少奇．论党．北京：人民出版社，1980.

［89］刘旭，聂玉春．信访工作手册．北京：高等教育出版社，1988.

［90］陆学艺．关于社会建设的理论和实践．国家行政学院学报，2008（2）.

［91］罗干．切实维护社会稳定．中国共产党重要文献信息库，2003-12-12.

[92] 罗荣渠．现代化新论．北京：北京大学出版社，1993.

[93] 罗兹曼．中国的现代化．国家社会科学基金“比较现代化”课题组，译．南京：江苏人民出版社，1988.

[94] 迈尔-舍恩伯格，库克耶．大数据时代．周涛，等译．杭州：浙江人民出版社，2013.

[95] 毛泽东．毛泽东选集：第3卷．北京：人民出版社，1991.

[96] 木村直惠．“社会”概念翻译始末：明治日本的社会概念与社会想象//孙江．亚洲概念史研究：第2卷．北京：商务印书馆，2018.

[97] 倪玉珍．从“社会”的视角思考政治：19世纪上半叶法国政治话语的重要转变．世界历史，2017（6）.

[98] 倪玉珍．法国大革命后的社会重建（1814—1848年）．史学理论研究，2015（4）.

[99] 倪玉珍．法国大革命与“社会科学”的诞生：19世纪上半叶法国思想家重建社会的努力．社会科学，2016（10）.

[100] 倪玉珍．寻求对“社会”的理解：圣西门的社会生理学．社会，2019，39（1）.

[101] 帕森斯．社会行动的结构．张明德，夏遇南，彭刚，译．南京：译林出版社，2012.

[102] 钱穆．中国历代政治得失．北京：生活·读书·新知三联书店，2001.

[103]《人民日报》、《北京日报》发表黄帅来信和日记摘抄时所加的编者按语．人民教育，1974（1）.

[104] 认真处理人民群众来信 大胆揭发官僚主义罪恶．人民日报，

1953－01－19（1）.

［105］《上访通讯》编辑室．春风化雨集（全二册）．北京：群众出版社，1981.

［106］石发勇．城市社区民主建设与制度性约束：上海市居委会改革个案研究．社会，2005（2）.

［107］宋荣恩．晏阳初全集：第1卷．天津：中华书局，2013.

［108］孙本文．关于社会建设的几个基本问题．社会学刊，1936（1）.

［109］孙中山．孙中山选集：下．北京：人民出版社，2011.

［110］谭日辉．社会空间特性对社会交往的影响：以长沙市为例．城市问题，2012（2）.

［111］滕尼斯．共同体与社会．张巍卓，译．北京：商务印书馆，2019.

［112］天津市地方志编修委员会．天津通志·信访志．天津：天津社会科学院出版社，1997.

［113］童之伟．信访体制与中国宪法．现代法学，2011（1）.

［114］涂尔干．社会分工论．渠东，译．北京：生活·读书·新知三联书店，2000.

［115］王彩元，马敏艾，李颖．群体性事件紧急处置要领．北京：中国人民公安大学出版社，2003.

［116］王春光．新时代的社会建设：学习解读十九大报告．领导科学论坛，2018（10）.

［117］王赐江．冲突与治理：中国群体性事件考察分析．北京：人民出版社，2013.

［118］王国勤．“集体行动”研究中的概念谱系．华中师范大学学报（人文社会科学版），2007（5）．

［119］王汉生，吴莹．基层社会中“看得见”与“看不见”的国家：发生在一个商品房小区中的几个“故事”．社会学研究，2011，25（1）．

［120］王绍光．政体与政道：中西政治分析的异同//胡鞍钢．国情报告［第十四卷 2011 年（下）］．北京：党建读物出版社，社会科学文献出版社，2012．

［121］王绍光．治理研究：正本清源．开放时代，2018（2）．

［122］王思斌．体制改革中的城市社区建设的理论分析．北京大学学报（哲学社会科学版），2000（5）．

［123］王先明，胡梦．从理论阐释到政策实施：国民政府社会建设事业的建构过程．学术研究，2017（7）．

［124］王晓楠．群体性事件的概念重构与防控对策：以犯罪学为视角．法制与社会，2014（7）．

［125］王旭辉．群体性事件研究的回顾与反思：概念、分析要素与价值立场．云南民族大学学报（哲学社会科学版），2012，29（6）．

［126］王学军．学习贯彻《中共中央国务院关于进一步加强新时期信访工作的意见》百题解读．北京：人民出版社，2008．

［127］王雅林．中国的“赶超型现代化”．社会学研究，1994（1）．

［128］王颖．上海城市社区实证研究：社区类型、区位结构及变化趋势．城市规划汇刊，2002（6）．

［129］王战军．群体性事件的界定及其多维分析．政法学刊，2006（5）．

［130］韦伯．韦伯作品集 III．康乐，简惠美，译．南宁：广西师范大

学出版社，2004.

［131］韦伯．韦伯作品集 II. 康乐，简惠美，译. 南宁：广西师范大学出版社，2004.

［132］韦伯．韦伯作品集 V：康乐，简惠美，译．南宁：广西师范大学出版社，2004.

［133］魏治勋，白利寅．从“维稳政治”到“法治中国”．新视野，2014（4）.

［134］魏治勋，桑田．“群体性事件”的新概念与新思维．山东社会科学，2014（8）.

［135］沃勒斯坦．现代世界体系：第 1 卷．尤来寅，等译．北京：高等教育出版社，1998.

［136］吴超．新中国六十年信访制度的历史考察．中共党史研究，2009（11）.

［137］习近平．高举中国特色社会主义伟大旗帜 为全面建设社会主义现代化国家而团结奋斗．北京：人民出版社，2022.

［138］习近平．论把握新发展阶段、贯彻新发展理念、构建新发展格局．北京：中央文献出版社，2021.

［139］习近平．全面贯彻落实党的十八大精神要突出抓好六个方面工作．求是，2013（1）.

［140］习近平．习近平谈治国理政：第 1 卷. 2 版. 北京：外文出版社，2018.

［141］习近平．习近平谈治国理政：第 2 卷．北京：外文出版社，2017.

[142] 习近平．之江新语．杭州：浙江人民出版社，2007.

[143]《习仲勋文选》编委会．习仲勋文选．北京：中央文献出版社，1995.

[144] 向德平．社区组织行政化：表现、原因及对策分析．学海，2006 (3).

[145] 肖林．“‘社区’研究”与“社区研究”：近年来我国城市社区研究述评．社会学研究，2011，26 (4).

[146] 肖唐镖．当代中国的“群体性事件”：概念、类型与性质辨析．人文杂志，2012 (4).

[147] 肖唐镖．当代中国的“维稳政治”：沿革与特点．学海，2015 (1).

[148] 新华社．从清华北大看“四人帮”篡党夺权的罪行．人民日报，1977-01-30 (2).

[149] 邢晓明．城市社区居民信任关系探析．黑龙江社会科学，2008 (1).

[150] 徐林，吴咨桦．社区建设中的“国家—社会”互动：互补与镶嵌：基于行动者的视角．浙江社会科学，2015 (4).

[151] 徐勇．村民自治的成长：行政放权与社会发育：1990 年代后期以来中国村民自治发展进程的反思．华中师范大学学报（人文社会科学版），2005 (2).

[152] 许章润，翟志勇．人的联合：从自然状态到政治社会．北京：法律出版社，2014.

[153] 宣朝庆，王铂辉．一九四〇年代中国社会建设思想的形成．中

国社会科学，2009（6）.

［154］宣朝庆．地方精英与农村社会重建：定县实验中的士绅与平教会冲突．社会学研究，2011，26（4）.

［155］宣朝庆．中国社会建设的文化禀赋与结构限定．社会学研究，2013，28（3）.

［156］压制批评的人是党的死敌．人民日报，1953－01－23（1）.

［157］杨景宇，李飞．中华人民共和国治安管理处罚法释义．北京：中国市场出版社，2005.

［158］应星．作为特殊行政救济的信访救济．法学研究，2004（3）.

［159］游士兵，张佩，姚雪梅．大数据对统计学的挑战和机遇．珞珈管理评论，2013（2）.

［160］于建嵘．信访制度改革与宪政建设．二十一世纪（香港），2005（6）.

［161］曾海若．群体性事件：从政治概念到法律概念．中国人民公安大学学报（社会科学版），2010，26（6）.

［162］曾鹏，罗观翠．集体行动何以可能?：关于集体行动动力机制的文献综述．开放时代，2006（1）.

［163］张淑凤．群体性事件研究述评．中共乐山市委党校学报，2013，15（5）.

［164］张思卿．最高人民检察院工作报告．人民日报，1996－03－22（4）.

［165］张宿堂，苏宁．罗干在全国政法工作会议上要求确保严格执法全力维护社会稳定．人民日报，1999－12－02（3）.

[166] 赵百川．信访联席会议是解决信访突出问题的一种有效形式．西安市人民政府公报，2005 (5).

[167] 赵鼎新．社会科学研究的困境：从与自然科学的区别谈起．社会学评论，2015，3 (4).

[168] 赵鼎新．社会与政治运动讲义. 2 版. 北京：社会科学文献出版社，2012.

[169] 正确对待上访问题．人民日报，1979-10-22 (1).

[170] 郑杭生，杨敏．关于社会建设的内涵和外延：兼论当前中国社会建设的时代内容．学海，2008 (4).

[171] 郑杭生．关于和谐社会建设的几个问题．江苏社会科学，2005 (5).

[172] 郑杭生．社会建设和社会管理研究与中国社会学使命．社会学研究，2011 (4).

[173] 郑杭生．社会学视野中的社会建设与社会管理．中国人民大学学报，2006 (2).

[174] 郑卫东．农民集体上访的发生机理：实证研究．中国农村观察，2004 (2).

[175] 中共四川省委组织部课题组．正确分析和处理群体性突发事件．马克思主义与现实，2001 (2).

[176] 中共中央编译局. 马克思恩格斯选集：第 4 卷. 3 版. 北京：人民出版社，2012.

[177] 中共中央编译局．马克思恩格斯选集：第 2 卷. 3 版．北京：人民出版社，2012.

[178] 中共中央编译局．马克思恩格斯选集：第1卷．3版．北京：人民出版社，2012.

[179] 中共中央编译局．马克思恩格斯选集：第4卷．3版．北京：人民出版社，2012.

[180] 中共中央关于制定国民经济和社会发展第十四个五年规划和二〇三五年远景目标的建议．北京：人民出版社，2020.

[181] 中共中央文献研究室．邓小平年谱（1975—1997）：下．北京：中央文献出版社，2004.

[182] 中共中央文献研究室．建国以来重要文献选编：第17册．北京：中央文献出版社，1997.

[183] 中共中央文献研究室．建国以来重要文献选编：第2册．北京：中央文献出版社，1992.

[184] 中共中央文献研究室．建国以来重要文献选编：第10卷．北京：中央文献出版社，1994.

[185] 中共中央文献研究室．毛泽东年谱：1949—1976：第1卷．北京：中央文献出版社，2013.

[186] 中共中央文献研究室．毛泽东文集：第7卷．北京：人民出版社，1999.

[187] 中共中央文献研究室．十六大以来重要文献选编：上．北京：中央文献出版社，2005.

[188] 中共中央文献研究室．十三大以来重要文献选编：中．北京：人民出版社，1991.

[189] 中共中央文献研究室．十四大以来重要文献选编：中．北京：

中央文献出版社，2002.

［190］中共中央文献研究室．十五大以来重要文献选编：上．北京：人民出版社，2000.

［191］中共中央文献研究室．习近平关于社会主义社会建设论述摘编．北京：中央文献出版社，2017.

［192］中共中央文献研究室．习近平总书记重要讲话文章选编．北京：中央文献出版社，党建读物出版社，2016.

［193］中共中央组织部，等．中国共产党组织史资料：第7卷：上．北京：中共党史出版社，2000.

［194］中共中央组织部，等．中国共产党组织史资料：附卷1：上．北京：中共党史出版社，2000.

［195］中国行政管理学会信访分会．在光荣的信访岗位上．北京：中国民主法制出版社，1999.

［196］中央社会治安综合治理委员会办公室．中国社会治安综合治理年鉴2001—2002. 北京：中国长安出版社，2003.

［197］中央政法委研究室．维护社会稳定调研文集．北京：法律出版社，2001.

［198］周黎安．晋升博弈中政府官员的激励与合作：兼论我国地方保护主义和重复建设问题长期存在的原因．经济研究，2004（6）.

［199］朱健刚．城市街区的权力变迁：强国家与强社会模式：对一个街区权力结构的分析．战略与管理，1997（4）.

［200］邹崇铭．社区经济发展与四川灾区重建．开放时代，2008（6）.

英文文献：

［1］ APTER D E. The politics of modernization. Chicago：London University of Chicago Press，1965.

［2］ CAI Y. Managed participation in China. Political science quarterly，2004，119（3）.

［3］ CAI Y. The resistance of Chinese laid-off workers in the reform period. The China quarterly，2002，170.

［4］ GRANOVETTER M. Economic action and social structure：the problem of embeddedness. American journal of sociology，1985，91（3）.

［5］ http：//www. gov. cn/gongbao/shuju/1957/gwyb195752. pdf.

［6］ https：//www. theatlantic. com/ideas/archive/2020/03/america-faces-social-recession/608548/.

［7］ https：//www. theguardian. com/world/2020/mar/18/coronavirus-isolation-social-recession-physical-mental-health/.

［8］ HUNTINGTON S P. Political order in changing societies. New Haven，London：Yale University Press，1968.

［9］ KING G，PAN J，ROBERTS M E. Reverse-engineering censorship in China：randomized experimentation and participant observation. Science，2013，345（6199）.

［10］ LAZER D，PENTLAND A，ADAMIC L，et al. Computational social science. Science，2009，323（5915）.

［11］ MINZNER C F. Xinfang：an alternative to formal Chinese legal institutions. Stanford journal of international law，2006（42）.

[12] OLSON M. The logic of collective action：public goods and the theory of groups. Cambridge，Mass：Harvard University Press，1965.

[13] RIJT A，SHOR E，WARD C，et al. Only 15 minutes? the social stratification of fame in printed media. American sociological review，2013，78（2）.

[14] WANG Y. Empowering the police：how the Chinese Communist Party manages its coercive leaders. The China quarterly，2014（219）.